余功保 著

太极拳百题解

太极密码

人民体育出版社

太极密码

——中国太极拳百题解

余功保 著

人民体育出版社

图书在版编目(CIP)数据

太极密码：中国太极拳百题解 / 余功保著. -北京：人民体育出版社，2009（2020.8.重印）
ISBN 978-7-5009-3737-1

Ⅰ.太… Ⅱ.余… Ⅲ.太极拳-问答 Ⅳ.G852.11-44

中国版本图书馆 CIP 数据核字（2009）第 166321 号

*

人民体育出版社出版发行
北京建宏印刷有限公司印刷
新 华 书 店 经 销

*

850×1168　32开本　5.5印张　130千字
2010 年 3 月第 1 版　2020 年 8 月第 7 次印刷
印数：20,001—21,000 册

*

ISBN 978-7-5009-3737-1
定价：35.00 元

社址：北京市东城区体育馆路 8 号（天坛公园东门）
电话：67151482（发行部）　　邮编：100061
传真：67151483　　　　　　　邮购：67118491
网址：http://www.sportspublish.cn
（购买本社图书，如遇有缺损页可与邮购部联系）

序 我本太极

中国哲学认为，宇宙万物，总归阴阳二性。阴阳流变，生生不已。人即阴阳互动产物，人的生命规律也遵循着阴阳法则。阴阳和谐，生命乃盛。

太极拳就是和谐的艺术，它高度体现了中国人的生命观与运动观。其中蕴涵了中国古人对自然、对人天无穷奥秘的探索成果，先人们用自己智慧解析的生命密码，外化成形体动作，用太极拳套路的形式记录下来，传承下来，成为宝贵的非物质文化遗产。

太极拳也因此在它产生后的相当一段时间内，被视为"秘笈"，在很窄范围内流传，许多要领、理法秘不示人。这种思维也影响深远，直到21世纪太极拳已经得到广泛传播的今天，它的一些练法、要领仍被蒙上一层玄秘的色彩。

其实，太极拳并不神秘。

太极拳讲究的是自然中和，这是最符合人的生命规律的状态，也是我们最熟知的感受，所以太极拳的法则营造的是我们最感亲切的活动空间，如同我们的家。

这里只有"和"，没有"秘"。

神秘总是衍生距离，长期以来太极拳的神秘化，也导致了对它的许多歧解和偏见。太极拳的价值也长期地被"低估"，还远没达到它应有的水平。特别是在现代社会里，太极拳更有它独特的作用。

现代人身上有许多的"伤病"，有些是先天带来的，有些是后天染上的。有的是生理上的，有的是心理上的。这些伤病阻碍我们更好地享受生命，发挥能量，创造价值。太极拳在许多方面，成为解决这些伤病的有效方法之一。

太极拳能够告诉我们自信，抱元守一，让我们更加充实。太极拳能够让我们明确取舍，随曲就伸，是一种顺应趋势的大智慧。太极拳让我们懂得并善于运用力量，以柔克刚，上善若水。太极拳让我们更加健康，内外兼修，形神兼备。

认识太极拳、了解太极拳、掌握太极拳是提高现代人生活质量的一种有效方法。因此向大家尽可能客观地推介太极拳成为本书的一个努力。

本书的目的在于：

一，还原一个真实的太极拳。

二，展现一个简易的太极拳。

三，揭示一个精深的太极拳。

四，剖析一个完整的太极拳。

归结为一条，就是介绍一个有效的、可操作的生命修养方法。太极拳并不神秘，它是每个人的健康挚友。

书中所配太极拳图片绝大多数为本人所拍摄，武术界、摄影界朋友还提供了一些精彩的图片。感谢各位示范的太极拳名家高手的大力支持。他们才是真正解开太极拳密码的人。

余功保　2009年11月于北京

目录

一、生命体验——太极拳是什么？ 1

二、太极拳的和谐健康观 13

三、以平衡的方法达到和谐的状态 18

四、太极拳是如何起源发展的？ 22

五、练太极拳为什么要学套路？如何学好套路？ 28

六、太极拳的主要器械有哪些？ 30

七、什么是太极推手和散手？ 34

八、什么是太极拳的"三调"，如何练习？ 36

九、太极之要——动静相生 43

十、太极之魂——刚柔相济 45

十一、太极之道——节节贯穿 46

十二、太极之本——立身中正 48

十三、太极之韵——连绵不断 49

十四、太极之髓——内外相合 50

十五、太极之纲——上下相随 52

十六、太极之根——松沉一体 53

十七、太极之宗——虚实分明 54

十八、太极之神——意气运转 56

十九、太极之窍——呼吸自然 58

二十、学习太极拳要做好哪些准备，注意哪些问题？ 59

二十一、练太极拳选择什么式子好？ 61

二十二、太极拳桩功的作用是什么？如何练习？ 63

二十三、每天练拳多长时间合适？ 64

二十四、练太极拳怎样呼吸？ 65

二十五、练太极拳的套路是否越复杂功夫就越深、效果就越好？ 66

二十六、太极拳练习中如何实现正确的身法要领？ 67

二十七、练太极拳如何运用眼神？ 68

二十八、太极拳健身需要练哪些基本功？ 69

二十九、练习太极拳科学的程序是什么？ 70

三　十、什么样的练拳速度是合适的？ 71

三十一、太极拳健身中的平衡如何具体实现？ 72

三十二、练太极拳配乐好还是不配乐好？ 73

三十三、练太极拳如何做到"松"？ 74

三十四、"虚心实腹"在太极拳健身中有什么作用？如何做到？ 75

三十五、练太极拳常见的主要错误有哪些？ 76

三十六、风雨天能练太极拳吗？ 81

三十七、患了慢性病的人是否可以练习太极拳？ 82

三十八、如何看太极拳辅导书和音像制品进行学习提高？ 83

三十九、什么是太极拳的内功？ 85

四　十、以健身为目的练习太极拳套路时还要有技击意识吗？ 86

四十一、太极拳能自学吗？ 87

四十二、能同时练两种或多种太极拳式子吗？ 88

四十三、以前练过别的拳种，练太极拳有什么要注意的吗？89

四十四、什么是简化太极拳？它和传统太极拳的关系是怎样的？90

四十五、太极拳健身需要把拳架子练得很好看吗？91

四十六、每次练完太极拳觉得较为疲劳对吗？92

四十七、练太极拳架势高些好还是低些好？93

四十八、练太极拳出汗好还是不出汗好？94

四十九、竞赛太极拳套路健身效果如何？它和传统太极拳有何区别？95

五　十、什么是太极拳的"十要"？97

五十一、为什么说太极拳能健身？98

五十二、如何教好太极拳？102

五十三、练习太极拳如何排除杂念？104

五十四、什么是气沉丹田？105

五十五、什么是丹田内转？106

五十六、如何理解太极拳的"空"？107

五十七、如何处理好太极拳的动与静的关系？108

五十八、如何练好太极剑？109

五十九、太极拳如何练气？110

六　十、太极拳和导引是什么关系？112

六十一、"太极拳式"和"太极拳势"有区别吗？113

六十二、什么是太极拳养生的"四功"？113

六十三、如何做好太极拳起势？115

六十四、怎样做好太极拳收势？116

六十五、开始练太极拳感到有些憋气是怎么回事？117

六十六、什么是"六合"？117

六十七、练太极拳如何做到形神兼备？119

六十八、练太极拳是不是越不用力越好？120

六十九、练太极拳需要做"周天运转"吗？120

七　十、如何做好太极拳的平衡动作？121

七十一、练"下势"时一定要蹲下去吗？123

七十二、练太极拳如何避免出现膝关节疼痛？123

七十三、练太极拳如何防止感冒？125

七十四、什么是练拳中的气感？126

七十五、怎样看懂传统太极拳论？127

七十六、练习太极拳如何处理和其他体育锻炼之间的关系？128

七十七、如何看懂太极拳的"功夫"？129

七十八、如何练好太极拳的步法？130

七十九、如何做到太极拳势子间的连贯性？131

八　十、练太极拳如何做到"完整一气"？132

八十一、如何理解太极拳的虚实？134

八十二、太极拳和中医的关系是怎样的？135

八十三、什么是"四两拨千斤"？ 136

八十四、太极拳练习中腰的作用是什么？ 137

八十五、什么是太极拳的"养"？ 138

八十六、如何理解太极拳的开合？ 140

八十七、太极拳健身在怎样的时间和环境下练习
效果较好？ 141

八十八、练太极拳总是觉得动作僵硬怎么办？ 143

八十九、身体很疲倦的时候练习太极拳好吗？ 144

九　十、集体练习太极拳怎么做到整齐划一？ 144

九十一、太极拳对人体各系统及功能的锻炼作用
是怎样的？ 145

九十二、怎么理解《太极拳论》？ 152

九十三、太极拳中的"无极"应怎样理解？ 153

九十四、太极拳经常提到"双重"，应如何理解？ 154

九十五、如何做到"虚领顶劲"？ 154

九十六、如何理解拳论所说的"动之则分，静之则合。
无过不及，随曲就伸"？ 155

九十七、如何理解太极拳的"神明"境界？ 156

九十八、练好太极拳应具备什么样的条件？ 157

九十九、太极拳的主要流派有哪些？ 158

一〇〇、太极拳和其他武术流派有何区别？ 166

一、生命体验——太极拳是什么？

认识太极拳是我们走进它、掌握它、运用它的第一步，也是十分关键的一步。对于太极拳，很多人的概念中，它只是一种慢悠悠的运动，其实，这还远不是太极拳的全部。

太极拳是21世纪世界最为流行的中国符号

太极拳是一种武术流派

首先，太极拳是一种武术流派。"武"是它的重要特性。

中国武术的起源很早，在战国前就有很成熟的技击术。人类的发展史也是一部战争史，在古代，武术具有很大的实用性，受到战争因素的刺激，发展很快。中国武术就有很多与战争相结合的史料，比如岳飞、戚继光等，以武术训练士兵，在保家卫国中发挥效能。中国武术的最伟大之处在于，它本来作为一种搏击术，却逐渐发展成为强身健体的锻炼体系，太极拳是其中的杰出代表。

这里面的一个重要原因是，中国武术深受中国文化的熏陶，从开始就不局限于"技"的层面。求本。什么是本？内在体质的改善，人的精神状态的改善。所以武术强调"武德双修"，要通过习武达到人本的强壮、强大。所以"习武强身"，甚至"习武强种"的口号被大张旗鼓地喊出来。

中国武术的流派很多，各有特色。20世纪80年代，国家体委动员在全国范围内对武术进行了大规模的挖掘整理，共理出有完整理论技术体系、有清晰源流的大的拳种100多个。还有大量散落在各地的具体拳法、器械套路。每种武术流派都有各自特点，在健身上也有不同的表现。比如少林拳讲究拳禅如一、象形拳以模仿自然界动物的运动方式提高自身的素质；剑术比较轻灵，练习时身心怡和；刀术比较勇猛，气势如虹，练浩然之气。

太极拳在武术中产生、形成的时间很晚，它在理论上更加系统，在技术上也比较多地吸收了众多拳种的优秀之处，特别是在强身、强心方面，具有典型的架构。

太极拳在发展中还有一个重要的过程对它的发展产生了推动作用，就是在传承中，为了更加适应普通老百姓练习，针对大众人群进行了几次改革，更加贴近社会。其中比较典型的是两次，一次是20世纪的三四十年代，太极拳比较广泛地向社会传播，从原来的闭门练习、密不外传向社会开放传授。为了更有益于推广，各太极拳流派都对原有的拳架、功夫做了一定的改革。一次是20世纪50年代，国家体委组织专家创编24式简化太极拳。这是一次对太极拳运动发展产生重大影响的革命性事件。当时国家体委组织有关专家，经过大量调研，在传统杨式太极拳的基础上，删繁就简，对动作进行重新组合编成。后来的几十年中，24式简化太极拳是广大

太极拳是一种武术流派
（示范：张升）

群众练习太极拳入门的必修套路。也是目前练习人数最多的太极拳套路，因为它简便易学，效果比较显著。现在各种大型文体活动中，经常有集体太极拳表演，比如在天安门、长城、三亚海滨等进行的万人太极拳演练，多数采用简化太极拳。虽然后来也有过几次对太极拳的简化性套路创编，但在影响上都没有达到24式简化太极拳那么大。

不过有一个问题要特别注意，就是无论怎么变，太极拳本身固有的特性不能丢。这个特性就是"武"，太极拳是一种武术，它的动作、练法、意识上，必须有强烈的技击含义、攻防含义。这一点无论是编排、传授还是练习太极拳都不能丢。没有技击意识，没有"武"的特性，太极拳的韵味也就没有了。它的一些效果也是基于"武"的基础上的，只有保持这种特性它的效果才会更好，同时具有技击意识，对人的神经系统的训练也有积极效果。

太极拳是一种健身方法

我们现在很多人练习太极拳不是为了技击，而是为了健身。当然通过推手等技击方式的锻炼来体会太极拳的劲力那是另外一回事。

太极拳的锻炼效果是非常明显的，太极拳的健身作用已经被大量的科学研究和成千上万人的实践所证明。从20世纪50年代开始，我国的体育运动专家、医学家和其他很多领域的科学家都进行了许多关于太极拳健康的理论研究，取得了很多研究成果。

现在太极拳流传到世界上一百多个国家，成为全世界的一种健身方法。其他国家的一些科研机构、高等院校等也开展了关于太极拳健身的研究，比如日本、美国等国家的机构，其论文还参加了在中国举办的太极拳健身论文交流。

太极拳是当今最受欢迎的健身运动

在近几十年的发展中，太极拳还特别吸收了很多现代体育的积极锻炼元素，我国的武术管理部门、体育院校、一些武术家积极开展太极拳作为健身方法的研究、推广活动。在广大城乡，学太极、练太极成为大众健身的优选办法。据国家体育部门进行的调查表明，以太极拳作为健身方法在各种体育锻炼方式中占据的人口比例始终排在前几名位置。

太极拳的锻炼方式独特，比较缓慢，这是它具有突出健身效果的一个"法宝"。有的外国朋友把它叫作"东方慢芭蕾"，这不一定完全准确，但很形象。太极拳为什么要慢练？慢练为什么科学？这是因为通过慢练把你的一些生命过程放大了、细化了，让你能细细体验，你可以发现自身的很多不足、问题。有时，你身体的某一部分有问题，平时没有察觉，但一静下心来、一慢练、一细细体察，就会发现不足，通过练习就是一个调整。这种调整就是从整体上增强，从内在处增强。不是简单地让你的肌肉如何有力，而是让你的内脏、让你的生命功能更加强壮，让生命状态更加和谐。

太极拳是一种修养

练太极拳是一种很好的修养。

太极拳运动本身是讲究文化感的。在肢体上来说，处处是弧形，充满美感，让你在练习中对人体结构的奇妙有着真实的感觉，心灵上的宁静让人拥有特别的充实感。对事物的认识、看法、把握的能力都有提高，让人更加沉静。沉静带来的效果是什么？"静中生慧"，生智慧，而不是小聪明。一个人如果整天心烦意乱，他就不可能对事情有个客观的认识。

人提高修养的方式方法很多，读书学习是很好的方法，

太极密码

与人交谈是方法，参加运动锻炼也是很好的方法。许多运动都有锻炼修养的效果，运动的特性不一样，对修养的锻炼也不一样，因为人们需要各种修养。比如有些运动培养人的贵族气质，有的运动培养冒险精神。太极拳运动则在培养轻灵沉着、顺达和畅的良好心态方面有突出效能。

打太极拳能让你静下来。你很烦躁的时候，打几遍太极拳，特别是如果有条件，在空气、风景比较好的地方练几趟，很快就静下来，排除烦恼。这种排除还不是暂时的忘却，因为有生理的调整基础，把你的气、血通过练拳调顺了。你静下心来，可能对一个问题的看法更加客观，更加周到。

同时太极拳中处处贯穿哲理，有处理问题的方法。练拳要琢磨拳理，每招每式都有一定的道理，有一种系统的观点，用全面的观点看待事物。

练习太极拳久了对人的性格是一种磨炼。

练太极体悟生命之妙
(示范：周梦华)

太极拳是一种状态

太极拳是一种文化，它里面蕴涵着精神的要素。生活是一种经历，在这个历程中，有许多物质的体验，也有许多精神上的体验，练太极拳就是一种精神的体验过程，非常丰富，有层次，有变化，是一种动态的文化感觉，这种感觉很奇妙。你可以通过非常具体的动作，肢体的运转，意念的活动，体验到非常抽象的文化要素。在那种过程中，你对文化有了一种很"实"的把握，那种感觉使你对人、对自然、对社会、对各种关系，以及生存的状态有了清晰的"和"的感受，使你感到生命状态的清晰、真切、平和与完整，所以说太极拳是一种状态。

这种状态需要细细体验。

太极拳有许多作用，可以技击，阴阳交错，攻守兼备；可以健身，强筋壮骨，养气和血，和生命紧密相关。人的生命就是由一个个微观的状态组成了宏观的寿命，人和人之间，人和社会，人和环境之间，都组成了不同的状态。状态是由各种实体和相互之间的关系组成的，有健康的、不健康的，太极拳就是优化生命实体以及编织与生命相关的"和谐"的关系方法，所以研究、习练太极拳就是体验一种生命的状态。

这种状态只有通过一定的方法或角度，到了一定的程度你才能体验。所以练太极拳也是一种多层次的享受。

"状态"这个东西你体会不体会它都存在。每个人练太极拳都能自得其乐。"得其乐"就是融入状态。练太极拳不存在"刻苦"问题，"一举动，周身俱要轻灵"，轻灵是什么？自然舒适的状态。

很多人不是一开始就有这种状态的。

无论做什么事，开始是要立规矩的。太极拳也一样。立规矩就是"自我束缚"，拿你目前还不适应的、不熟悉的原则来约束自己。这时候你肯定不能"自如"，但最终的目的是要解除束缚，走向更高水平、更高层次的自如，这就是我们练太极拳要达到的状态。这种状态是渐进的，逐步、有序、连贯地达到的。从一开始就必须有这种立意，"文无品不高"，拳无品也不会高，这个品就是你不能拘泥于一点一滴的技术、技巧，练太极拳应该有境界感，有大境界的感觉。

有的人说，我练太极拳只是想健身，没有过多的考虑。

其实健身就是一种大境界。对于人而言，生存是首要的，健康是生命中、生活中的一件大事。解决健康的问题是需要大智慧的。很多人在各方面做得很好，但健康问题却不能很好解决。太极拳在这方面思考了很多，也有许多有效的解决办法。它的核心是强调自我的有序与和谐，强调平衡的状态。这种境界是需要"达到"的，不是简单地"练"。

"练"和"达到"是有区别的。

练是微观的东西，是很技术的，"达到"是微观和宏观结合的东西，有体悟的成分，有很文化的东西。如果在练太极拳时有一定的中国传统文化的修养，就更容易达到太极拳的高境界。所以很多外国朋友开始学太极拳，逐渐地就对中国文化感兴趣了，也更加深入感受中国文化的内在魅力了。

中国文化讲"修养"。练太极拳是一种直接的修养方式，这种修养不是说现代社会就不需要了，意义不大了，相反，物质越发达，人的内在的"修养"就越需要加强。

中国文化的修养指什么？不是指具体的知识，不是读了多少篇古文之类的东西，是和中国优秀传统文化的"亲密接触"，触及深处的那种。

太极拳作为一种状态不是一个抽象的东西，它必须通过练习，通过具体的技术来实现。技术是基石。如果把状态比做一个平台,技术则是构成平台的建筑材料。空想是一无所有的,太极拳的状态是要理论和实践相结合才能实现的生命体验。太极拳的一招一式都是精华所在,都是盛满内涵的容器,要领不正确、拳势不对,不可能达到良好的状态。这不仅需要悟性,也需要"功夫",需要时间。我曾经听太极拳前辈讲,"太极拳越练心越虚",心虚了,功夫长了,虚则能容,胸怀大了,人充实了。太极拳是扎扎实实练出来的。

21世纪兴起的太极扇
(示范:吴阿敏)

太极拳是一种娱乐过程

现代社会"娱乐为王"。

太极拳能不能娱乐?当然,它本身就是一种娱乐方式。充满娱乐性就有更好的健身效果。20世纪初的太极拳,很传统,练习的难度比较大,后来进行过几次简化性改革,推广的范围更大了。太极拳发展到现在，它的娱乐功能表现得已经很突出了。

太极拳经常是很多人一起练。从学习的时候起就是这样，因为大家在一起练便于互相观摩，互相纠正动作，共同提高。大家在一起练习，互相交流，这个过程就充满娱乐性。比如每天去公园等太极拳练习场所成了生活中的一个环节。特别是休息日，集中练习的更多。心理学的研究表明，有益的集体活动非常有助于培养健康的心理，是健康的娱乐方式。大家在交流中感受乐趣。现在许多大型活动经常有集体太极拳演练，说明集体性太极拳活动已经成为一种社会体育锻炼的景象。

太极拳的很多锻炼方式也带有很大的娱乐性。比如太极推手，彼此感受劲力，感受动作的变化以及变化带来的内在的感受，不断有新奇产生，不断有"更上层楼"的收获。再比如近些年比较流行的太极扇，开合折叠，练起来很有中国韵味，有气势，有感觉。

在太极拳的发展中，也不断结合时代特点，融入了一些娱乐元素。比如配乐练习，把中国传统音乐，甚至一些现代感很强的音乐，包括西方的音乐，配合太极拳的练习，增强节奏感，增强练拳过程中从视觉、听觉、感觉上带来的综合享受。这种愉悦是精神和肉体双重的。

太极拳还有很强的表演性。陈式太极拳的刚柔相济、快慢有致，杨式太极拳的行云流水等，是很优美的形体舞蹈。具有很高的观赏性。现在在一些国内外的主流大片中，经常引用太极拳的动作、神态制造特殊的视觉效果，成为娱乐大众的艺术元素。

太极拳是一种时尚

太极拳械已经成为当代人的一种运动时尚
（示范：马畅）

这里要澄清一下关于太极拳练习的几个典型误解。

一是有的人以为"太极拳只适合年龄大的人练"。其实太极拳是一种充满活力的运动，它的外在表现形式虽然是慢练，但是它内在的精神气质是积极进取、奋发向上的，对体力的增强也很有成效。很多太极拳家都是从很小的时候开始学练太极，长期坚持下来。从世界范围内来看，许多年轻人一旦练习了太极拳，很快就会喜欢上它。因为它完全符合年轻人的性格和要求。

再有一个误解是"太极拳只适合体弱的人练"。太极拳由于有突出的健身、康复功效，所以体弱的人练习效果很好。但太极拳从功能上来说，要更加注意体质的增强，根据不同的体力状况可以有不同的练法。有些动作对体力的要求还很高，体质好的人练可能达到的效果更明显。所以太极拳并不只是一种简单的体弱者或病人康复的手段。太极拳的健身功能在于使人的身体由弱变强，使强者更强。年轻人通过太极拳训练可以使精神旺盛，注意力提高，使体质增强，使灵活性增加。应该说，年轻人练习太极拳更能发挥出太极拳的功能优势。

还有的人认为"太极拳适合风格保守的人练"。这更是由于不了解太极拳而产生的一种误解。太极拳的健身理念、健身的科学原理都是很前沿的，它的风格也是符合社会发展的趋势和潮流的。作为一种大众喜欢的健身方法，它也在根据时代的特点，不断吸收新的养料，它的几次推广性的变革，都是太极拳走在时代健身时尚前沿的例子。最根本一点在于，太极拳所体现的平衡健身的思想符合客观规律的健康理论和完备的实践方法，是一切健康时尚的基础。太极拳的时尚是一种融合长久和崭新的时尚。

太极拳是一种生活方式

太极拳论中说："拳者，权也。"就是知轻重、通缓急、成为规律性的一件东西。

开始练太极拳你可以把它作为一种追求健身的手段，时间长了，你甚至可以把它作为一种生活的方式。

过去社会结构简单，人们的空余时间多些，特别是一些职业拳家，每天都有大量的时间练习。对于一般人来说，我们不可能有许多时间来练,那怎么办?一是练的时候无论长短都要认真练习,养成一个良好的规范习惯。再有就是把太极拳的健康原则、健康元素融入到生活中去,让太极拳的原则作为一种健康习惯固化下来,这样太极拳就成了一种生活方式。

成为你生活中的一部分后,就是每天在不知不觉中、在自然状态中获得收益。这是练太极拳由自觉到自然的一个过程。这时候,太极拳带给你的不仅是健身这一个层面的效果,它融入了人生当中。

太极拳的生活方式是一种放松的方式,就是随时消除不必要的紧张,肌肉的紧张、心理的紧张,乃至一些社会元素造成的环境压力与紧张。到那时候不是时时故意地调节,而是形成自动调节系统,紧张消除的全自动系统。把放松的状态和调节的过程通过最自然的过程实现,这是练太极拳的一种高境界。

二、太极拳的和谐健康观

健康是现代社会衡量生活质量的最重要指标之一。

现在大家都研究健康,从技术上来说,健康所涉及的因素很多,也很复杂,从不同的学科和角度来看待,有不同的说法。从中医、西医,从心理学、生物学,从治疗的角度、预防的角度,都有各种观点,有很细分、很专业的理论和技术。

作为我们大众来说,关心自己的健康,要每个人都把握很专业的知识也是不可能的，但一些基本的原则，与我们健康密切相联系的基本的思路、方法应该掌握。原则的东西并不是很复杂的，是每个人都能理解，并且依照它能够贯彻到日常实践中去的。

中国的太极理论在健康上的一个核心观点，也可以说是一个基本原则，就是"和谐"。和谐是健康的基本状态，也就是你没有达到和谐，就不能称之为健康，一个健康的生命，一定是和谐的状态。

和谐的思想首先是一个整体的思想，它是指一个系统的和谐，系统中有很多元素，有很多相应的关系，这些元素、关系之间要和平相处、默契相关才行。

只和平相处还不够，各自不相"搭理""井水不犯河水"是一种比较低水平的共融，还要达到主动性的互补，这样"生机"才能不断涌现，就是和谐的关系。

作为整体思想来说，考虑一个对象是否健康，一定是从整个系统来考虑的，考虑单一的元素是不行的。比如说，要衡量一个人是否健康，不仅要看他的生理是否健康，还要看他的心理是否健康，看他的情绪是否健康。

看一个人生活是否健康，除了看他的身体各方面是否健康外，还应该看他办事情的方式、方法是不是健康，他的生活习惯是不是很健康，否则我们就很难说他是一个生活很健康的人。

和谐的健康观还是一个动态的思想。就是在一个和谐的健康状态中，不仅要考察现在呈现的各种元素的"面貌"，还要看影响这些面貌的一些正在变化着的因素，有些是直接的，有些是间接的。比如一个人的生活习惯就对他的生理、心理的健康状态产生作用。

因此，和谐是一种开放式的健康观。

怎么样才算是和谐健康？

中国的太极健康观认为至少要在以下几个方面实现和谐：

1. 人与自然的和谐

人生活在宇宙之中，就是处于自然中，生命的产生也是宇宙发展的一个自然过程。人的健康与自然密切相关，受到自然环境的种种影响。比如空气、四季的变化等。科学研究表明，一些天体、地球上的变化现象对人体的生命元素，甚至对人的心理都产生一定的影响。人们的种种社会活动也受到自然的影响。所以适应自然、与自然保持高度的协调是我们生存的一个原则，这方面我们也走过一些弯路。现在有些弯路的代价还在付出。

中国古代提出的"天人合一"的思想就是人与自然和谐的一个典型体现。天人合一怎么合？不是形式上的，不是短期的。是要合乎自然运行的规律，这首先就要研究规律，所以人的健康水平也是和时代的科学水平相关联的。有些现象规律我们过去没有认识到，现在懂了，就可以提高利用大自然的水平，为我们的健康服务。从这一点上说，每个人的健康水平和整个社会的健康水平相联系。这是一种大的健康观。

2. 人与社会的和谐

人不是生活在荒岛上，不是生活在真空中。有一部电影，讲一个人因为空难被遗失在一个荒岛上很长一段时间，后来回到正常社会后，身心上的创伤多年不能恢复。这是根据真人真事改编，也是有科学道理的。

社会环境塑造人，也塑造人的健康品质。

每个人都是社会的一分子，社会是一个大系统，你处于各个系统中，个体与社会之间就有关于健康的相关影响。所以每个人都应该善于从社会上汲取健康的养料，同时也为整个社会的更加健康贡献力量。如果你与所处社会格格不入，你不可能有一个健康的心态，也没有健康的生存条件。要达

到与社会的和谐，你的行为规范应该符合社会的健康标准，社会是一部大的机器，你与之和谐，就能不断从中获得"能量"，否则，你就会感觉到"阻力"，就会对你的健康产生"麻烦"。

3. 人与人之间的和谐

社会由人组成。每个人每天都要和别人打交道。在家要和家人、亲戚相处，在单位要和同事相处。学会和人的和谐相处对我们尤其重要。人和人之间有许多显性的、隐性的影响因素，有的短暂、爆发，有的长期、绵绵不绝。比如情绪的影响就很明显，有健康情绪的影响，如关心、祝贺、体贴、帮助、喜悦等，也有不健康情绪的影响，如愤怒、嫉妒、排斥、中伤等。

人与人之间产生和谐的重要办法就是加强自身素质修养，培养豁达的胸怀。你的心胸有多大，世界就有多大。

4. 形与神的和谐

中国的太极理论讲究形神统一，形神并练。形就是形体，是看得见、摸得着的外形，肢体、骨骼、血液等；神是指生命的一些功能、意识、气脉等，传统理论上有时也称之为"心"。太极理论认为形、神是组成生命的两个大类，要健康必须使这两方面都要保持高水平的状态，并且彼此之间要完整和谐。所以你只是"形"很强壮，肢体很发达，而内脏、意志、神经很虚弱，就不行，就不叫健康。并且时间长了，就会严重影响你"形"的强壮，"形"也会逐渐衰弱下去。所以一个身体外形很壮的人，如果遇到一件事想不开，久久不能自拔，身体也会很快垮下去。同样，如果你只是"神"很足，身体的形弱，也缺乏健康基础，时间一久，产生"形疲心竭"的状态，健康就会恶化。这里的形、神与现代科学所讲的心理、生理相类似。这一思想贯穿在中国古代的健身术中，比如道家提倡"性命双修"也是这个道理。佛家讲"魔由心生"，什么是"魔"，就是影响你健康的因素，心神受损，身体健康就受损。

5. 身体各部分之间的和谐

这一点与现代医学的系统理论是完全吻合的。

人体由很多组织、系统所构成，每个组成部分之间独立承担一些功能。同时各部分之间有呼应、连带关系。这些系统之间要共同进步，共同发展，不能有此强彼弱的现象。人体不是一个简单的机械组合，如果那样就能很轻易地大量复制人了。人体各部分之间的关系很奇妙，和谐能够使各系统的功能发挥到优化的极大，比如以最小的能量损耗，达到生命状态的最优化运转等。最理想的状态实际上是不可能完全存在的，就像一个完全没有一点病的人是不存在的一样。但各部分之间的和谐程度相对每个具体的个体来说能让生命的优化程度达到最高。所以锻炼各部分、各系统之间的和谐关系是太极理论的一个重要指导要领。

三、以平衡的方法达到和谐的状态

和谐是动态的概念。

组成系统的各种因素始终处于变化、调整当中。

企图采用"突击"的办法,让人体达到健康的和谐水平之后一劳永逸的观念是错误的,是不可能实现的。

所以健康是一个长久的工程。生命有多长,健康的工作就要做多久。

如何达到和谐?就是用平衡的方法。

太极理论实际上就是阴阳平衡理论。这是中国古人对生命、对健康最伟大的贡献之一。

阴阳元素是太极理论宇宙运动规律的宏观概括。中国古人通过长时间观察、研究,并结合自身的大量实践,对自然界事物属性进行了归纳。古人发现,自然界本身存在着优美的对称性,在任何事物中都包含着相互对立的两个方面。如四季有冬、有夏,运动有动、有静,位置有上、有下,生命有生、有死等。于是把万物分为两大类:"阴"与"阳"。"阴阳者,天地之道也,万物之纲纪,变化之父母,生杀之本始"。就是把世界上的一切事物都看做是阴阳的复合体,"万物负阴抱阳,冲气以为和"。

产生于殷周时期的《易经》是最早的对阴阳理论进行全面阐述的著作。它对于中国的哲学和养生学的影响是十分深远的。《易经》中把阴阳的概念加以系统运用，用阴阳来解释世界的构成，勾画出一个以阴阳为基本元素的世界图示："易有太极，是生两仪，两仪生四象，四象生八卦"，两仪就是阴阳。以阴阳构成卦象，以卦说理，把阴阳更加细化，更加定量一些，揭示事物运动的起始、发展、兴衰、消亡状态，以及各种因素、各个环节的辩证关系。

成书于战国时期的医学典籍《黄帝内经》总结、发展了先秦以来的阴阳学说，具体应用到对生命现象的研究，以阴阳理论分析人体的疾病与健康，打下了中医学、中国传统养生术的基础。

万物都由阴阳组成，对于人体以及与人体相关联的各种因素也都可分为阴阳两种属性。那么，要达到人体系统的和谐健康，就是要实现人体阴阳的平衡。这是太极健康理论基本的思路。

阴阳究竟是什么？

它不是简单的专指某一种或几种事物，也不是指人体的具体系统、组成部分、某一种功能的固有属性，而是具有高度的灵活性和相对性的，它是对事物在一定范围内、一定条件下相对属性的界定，具有广泛的意义。但它也不是虚无的，而是普遍的存在。

太极拳练习中讲究内外平衡和谐
（示范：乔松茂）

简单地说，凡属积极的、活跃的、向上的、表面的、剧烈的为阳；凡属缓慢的、安静的、在下的、内在的、平稳的为阴。

自然界万物都可以依照阴阳来分类：天为阳，地为阴；火为阳，水为阴等等。依据这一理论，把人体也依照阴阳属性进行了划分。"人生有形，不离阴阳"，如男性属阳，女性属阴；体外属阳，体内属阴；上体为阳，下肢为阴；背面为阳，腹面为阴；四肢为阳，躯干为阴；六腑为阳，五脏为阴；津为阳，液为阴……各种生命活动现象均可归于阴阳之中。

实现阴阳的平衡，就是遵照阴阳的运动规律，对阴阳元素进行调节，使生命系统和谐运转。

阴阳的运动规律简单来说主要有以下几个方面：

1. 阴阳双方互相依存，互为其根。它们各自以对方的存在为自己存在的先决条件。如果失去了对立面，自身也就不复存在了。"阴在内，阳之守也，阳在外，阴之使也"。二者共处一体，同时依据对方才能生长、发展。

2. 阴阳双方在一定条件下可以互相转化。阴阳是相对的，在某个系统中属阴的事物，在另一个系统中可能属阳。阳可以转化为阴，阴也可以转化为阳。因此阴阳之间具有统一性。

3. 阴阳双方相互制约。当一方太足或太过，就会使整个系统失去平衡。对于人体来说，就会产生疾病。所谓"阴胜则阳病，阳胜则阴病"。阴阳的这种制约关系，是维护系统平衡的内在因素。

4. 阴阳双方不断地相互消长。阴阳总是在围绕其平衡位置进行波动，相互消长。阴长时阳落，阳长时阴落。比如说一天当中，从夜里子时阳生开始，进行一天的循环消长；人出生到死亡，进行着一生的阴阳消长等等。

实现人体的健康就要锻炼、调整人体的阴阳结构，把阴阳的平衡思想贯穿在锻炼之中，甚至贯穿在日常生活的规范之中，所谓"谨查阴阳所在而调之，以平为期"。阴阳学说本质上就是一种平衡的模式。"阴平阳秘，精神乃治，阴阳离决，精气乃绝"。这种平衡当然也是一种动态的平衡，也可以在不断调整中得到更高层次上的平衡。

动态的概念就是以发展的眼光看待健康，首先在没有病时，进行增强性调整，预防性调整。在身体出现问题时并非简单地进行局部调整，而是进行整体性调整，不是锻炼哪个方面，是对人体整个系统的全面锻炼。另外一个含义就是结合多种手段和方法进行。

完全没有任何病的人是不存在的，我们总是在某个时间段，在人体的某个方面，或精神、情绪的某个方面产生问题，程度有浅有深，范围有大有小，性质也不同，有良性的问题，也有比较"恶劣"的问题，所以平衡的"任务"是长期性的任务。

要实现健康，就是要通过平衡的方法，使我们的生命状态达到"和谐"。

太极拳就是以平衡为运动原则来实现和谐的一种优秀方法。

平衡的思想体现在太极拳运动的始终。在太极拳运动中，阴阳理论是它的灵魂。拳的名称以"太极"来称呼就是突出这种特性。太极拳的理论中讲："太极者，无极而生，阴阳之母也。动之则分，静之则合。"也就是说，只要你一动，阴阳就出现了。在每个动作中，身体的各个部分、各种状态都有阴阳属性，都符合阴阳运动规律，所以打太极拳的过程就是调整人体阴阳的过程，只要你练习的基本要领对，天天坚持练拳，天天都在调整阴阳平衡。有关这方面的要领和知识，在后面要具体讲。

和谐是太极拳追求的境界。在练拳时，包括平时，太极拳状态就是要保持一种心静的状态，一种平和的状态。它使情绪很稳定，使精神和形体高度和谐。通过长期锻炼，使肢体各部分协调，使形体与内脏、与气血之间和谐，使各种生命功能之间和谐。在意念上达到"一尘不染"，在身体上达到"一举动周身俱要轻灵"。进入这种和谐状态时，外界不利因素对自身的损害达到最小，自己的生命系统建立起良性反馈机制。比如放松机制，能够随时让形体放松，让精神放松，缓解不必要的压力。

需要说明的是，太极拳的这种放松、和谐的境界不是消极的，相反，它是一种更加科学、更加积极的态度，所以太极拳是一种充满进取精神的运动。

四、太极拳是如何起源发展的？

关于太极拳的起源，目前学术界很多人都在研究，也存在一些争论。

应该说，太极拳作为中国武术中比较晚形成的一个流派，它借鉴了许多其他武术流派的理论和技术精华。所以从太极拳身上看到很多其他武术拳种的痕迹也是正常的。

太极拳的理论基础是中国传统文化中的阴阳思想，而这种阴阳思想在古代很早以前就已经发展得很系统，比如《黄帝内经》是早期最为系统地将阴阳思想与人体健康相结合的著作，被中医奉为经典。在《周易》中，对于阴阳、八卦的理论学说阐述得很透彻，我们在后来的太极拳理论中，不难

马王堆导引图

发现，处处都有对这些早期哲学、医学著作的借鉴、衍化使用。

所以说太极拳的相关理论在很早以前的古代就已经有了。

从技术上来说，也不难在古代的导引术、养生术和武术中看到太极拳后来的影子。一个突出的例子就是马王堆导引图。这是1973年在长沙马王堆出土的文物，在一个帛片上生动记载了当时人们运动肢体锻炼的动作，栩栩如生。比较精妙的是，通过复原后的导引图使我们惊奇地发现，其中很多动作和现代的太极拳动作相似，这种相似不仅有形似，更有神似的成分。太极拳也的确有导引养生的作用。

但到现在为止，并没有发现明代以前有完整、成型的太极拳套路或清晰的、直接的太极拳技术理论论述，也没有十分明确的太极拳概念。虽然从文献上偶尔也能看到相近的词汇，但那不是作为一个明确系统的概念出现，而是另有他义。当然，对这一点也有学者有不同意见。因此，从比较严谨的角度来看，我们可以说，在古代很久以前，在战国以前，作为后来太极拳理论体系的基础理论已经形成，很多与太极拳相关的技术元素也在不断衍生。

到了明末清初，完整的太极拳概念，它的理论、技术架构开始出现了。

现在在国内外广泛流行的几个重要的太极拳流派都是从那时起逐渐衍化、发展起来的。

太极拳的理论技术体系的完整形成是在明末清初时期。在清代，太极拳出现第一次发展的高峰时期，这一时期的重要成果是几大主要太极拳流派的开始出现。

一些太极拳家以深厚的武术素养和服务于社会的责任感，以及变革的巨大勇气，对太极拳推陈出新，在陈式太极拳的基础上，相继诞生了杨式、武式、吴式、孙式太极拳。为后来太极拳的发展与繁荣奠定了坚实基础。

20世纪的上半个世纪，太极拳开始由局部地区、由家族广泛走向社会。1928年成立的中央国术馆对推进包括太极拳在内的武术发挥了重要作用。国术馆内开设有专门的太极拳课程，并且邀请了孙禄堂等太极拳名家进行授课。几十年间，在一些著名太极拳家的主持下，全国各地陆续成立了一些太极研究机构和民间推广、交流机构，对培养太极拳人才、推广太极拳发挥了长远的作用，有些至今仍然挂牌运作，影响遍及海内外。如上海成立的致柔拳社、武当太极拳社、汇川太极拳社、鉴泉太极拳社，北京成立的永年太极拳社等，都是较有名的太极拳机构。

在这一时期，太极拳的研究工作也得到开展，一些有识之士积极倡导太极拳的学术化、科学化。其中比较有代表性的如史学家唐豪、徐哲东等，他们对太极拳的历史投入大量精力进行研究论证。

新中国成立后，太极拳得到空前的发展。太极拳真正成为了为大众服务的运动健身方法，并且大规模走向世界，使中华民族优秀文化为全世界所共享，其中的具体历程可以写一部当代太极拳发展史，这里对其中具有重要意义的几方面事作一个简单介绍。

党和政府对太极拳运动高度重视。毛泽东主席就专门提倡打太极拳，指出太极拳运动能健身。周总理多次观看太极拳的表演，一些老一辈革命家如邓颖超、徐向前等都亲身实践，证明太极拳具有良好的健身功能。邓小平同志还亲笔题写了"太极拳好"，予以推介。这些都对太极拳运动的发展产生了巨大推动作用。

邓小平题写"太极拳好"

政府部门积极运作。体育部门、武术管理机构都采取了一系列有力措施进行推广。民间太极拳家、太极拳机构也做了大量工作进行推广。

太极拳在大型活动中的首次亮相是在1953年11月的全国民族形式体育大会上，包括太极拳在内的武术成为这次大会的主要内容。在这次大会上，当时担任国家体委主任的贺龙同志对武术发表了重要讲话，提出要对传统武术进行发掘、整理，发扬光大，这一意见对太极拳后来的发展具有战略性指导意义。

20世纪50年代一件对太极拳发展具有重大价值的事件就是24式简化太极拳的创编。当时国家体委运动司武术科组织多位太极拳专家，经过调研、讨论，在传统杨式太极拳的基础上，选取24个动作，进行科学编排，创立24式太极拳。这是太极拳适应时代发展的一个重大举措。当时实际上也是顶着很大的压力的，比如有的保守人士就认为这是糟蹋了老祖宗的东西、"变了味"等等。也许当时很多人并没有意识到这一事件对太极拳发展带来的影响，24式问世的重要意义在其后的太极拳发展中越来越显现出来。据保守估计，24式推出后，已有100多个国家的十几亿人习练过。

80年代初，有几件事对太极拳发展来说具有特殊意义。一是1982年中国高校第一个武术协会北京大学武术协会成立，其中专门设立了太极拳分会，这是我国高校中第一个太极拳组织，此后，全国100多所高校相继成立了太极拳组织，培养了一批批高校的太极拳爱好者，促进了太极拳的科学化和世界化发展。另一件就是80年代开展的武术挖掘整理活动，该活动历时三年，对太极拳资源是一次全面整合，获得了一大批宝贵的太极拳资料，发现了一批优秀的太极拳人才。第三

1984年武汉举行首次国际太极拳邀请赛，众多太极名家出席

件就是1984年在湖北武汉举行了首次国际性太极拳邀请赛，这次比赛共有18个国家和地区参加，中国和世界上一些顶级太极拳家到场，开启了以后国际性太极拳活动的前奏。第四件是1988年举行了首届中日太极拳交流大会，当今世界太极拳运动，除中国外，日本开展得最为普及。1988年4月，日本太极拳联盟组织百名太极拳爱好者来北京参加中日太极拳比赛交流，比赛之余参观游览中国风景名胜。此后，这项活动成为一项传统的交流内容和形式，对促进中日文化体育交流、扩大太极拳的国际影响发挥了积极作用。在80年代里，在多方面的共同努力下，太极拳作为竞赛项目，陆续以多种形式进入到了各种大型运动会中，进行全方位展现。国家体委也采取了特殊的扶持政策。一些国际性武术组织的成立，大型国际性武术活动的不断开展，处处都给太极拳提供了表演、推广的舞台。

90年代以后，太极拳发展更是高潮迭起，特别是国际化推广，取得飞跃性进步。1990年亚运会开幕式上，中日两国太极拳爱好者1500人共同上演大型太极拳演练节目，通过全球电视转播，令世界瞩目。此后太极拳集体演练成为一道独

每年5月，世界各地都在开展太极拳健康月活动

特的文化体育景观。其中最为轰动的是1998年10月的天安门广场万人太极拳演练和2001年3月海南三亚首届世界太极拳健康大会上的海滨世界万人太极拳演练活动。这种与著名文化景观和大自然景观相结合的活动，吸引了来自世界各国的广泛参与者，体现了太极拳的文化内涵和天人合一的境界，通过现代化的宣传手段传遍全球，让全世界更多人了解、认识太极拳。2000年7月，国际武术联合会执委会正式通过决议，确定每年5月为世界太极拳月。

如今，太极拳已经成为具有广泛影响和吸引人广泛参与的世界性的健身运动。就其参与人数之多和影响之大来说，有国际文化专家称之为"世界第一健身品牌"。

五、练太极拳为什么要学套路？如何学好套路？

套路是太极拳最基本的表现形式。把一个个单一的动作通过一定的组合编排连接起来，就形成了套路。套路是中国武术的一个特点。

首先，学习套路可以增强我们学习太极拳的趣味性。太极拳有很多丰富多彩的动作，每个动作都有独特的变化方法，方位、劲力、意念都有所不同，套路的学习就是一种对人体生命的奇妙感受。

其次，学习套路便于记忆。可以有助于我们记忆太极拳动作。套路使得每个动作链接起来，就有了一种整体感。

第三，在学习套路过程中可以使我们对太极拳要领有更准确的把握。太极拳的一些要领是在式子与式子之间转换时体现的，如连绵不断、用意不用力等，只有在运动中，在式子的起承转合中才能鲜明地体会到。

另外，演练套路有助于我们领略太极拳的魅力。一个优秀的太极拳套路就是一件优秀的艺术作品，太极拳的刚柔、优美、文化、科学都蕴涵在一个完整的套路之中。

太极拳的套路有几个特点要注意，一是一定有明显的起势、收势。为什么？因为太极拳练习时很稳，起势和收势很重要，马虎不得。没有完整的起势和收势就不是完整的太极拳套路。这点在练习时也要注意。另一个是太极拳套路，特别是一些传统的套路，或编排比较好的现代推广套路，它的动作与动作之间的衔接不是随随便便的，不是任何动作随便依照一个顺序一连就是套路了。套路有连接的规律，因为每个动作练习的侧重点，它的劲力的变化方式、体型、身形的变化都有规律，连接得不好，效果就不好，就很乱。所以学套路还要注意领会套路内在的联系规律。

怎么样才算练好了太极拳的套路？对于不同要求，标准不一样。对于健身要求来说，首先要准确，要符合动作规格；其次要流畅，磕磕巴巴肯定不行，所谓如"行云流水"；第三

练套路是学习太极拳的主要形式

要有韵味，有太极拳的味道，让人一看就是"刚柔相济""虚实相生"。做到这几点，算基本达到要求。要练好套路，有几条经验可借鉴，一是熟记要领，烂熟于胸，熟能生巧。二是仔细观摩，不管是看录像，还是看老师示范，都要用心去琢磨。三是反复多练，但不能随便地练，你不负责任地随随便便练上十遍，不如认认真真地练上三遍。四是交流，看别的同伴练拳，看他有什么错误，你如何避免，也让他看你练拳，请他给你提提意见，"以人为镜"，提高得快，还增加了交流，增添了乐趣。

六、太极拳的主要器械有哪些？

　　器械是太极拳的重要练习内容，是练拳的有机补充。

　　太极拳的器械被认为是练拳到一定程度后可选择练习的方式。既可增加趣味，又可更加深入、仔细地体验太极劲力。

　　太极拳器械分长、短两类。短器械主要是剑、刀等，长器械有大杆等。

　　各太极流派都有自己的太极剑、太极刀套路，基本剑法、刀法也比较一致，在编排和劲力特点上有所区别。

　　中国武术中剑法本身就比较轻灵、飘逸，它的主体风格正深合了太极拳的要领精髓，所以太极剑是器械中最能充分体现太极拳特征的器械。太极剑法柔和中蕴涵劲力，神意内敛，秀于外而慧于中。太极剑套路流畅自然，身法优美，最大限度地发挥了中国剑术的优势和长处。是当今习练人数最多的武术器械。

太极剑（示范：邱慧芳）

太极刀架势比较开展，内劲的展现更为浑厚充沛，柔中带刚，既有太极的含蓄，又有刀法的猛烈，是极具特点的一种太极器械。由于武术中刀法比较偏刚一路，如能练好太极刀，对于理解以柔克刚极有帮助。

近几年来，太极扇作为一种太极拳的短器械迅速流传，习练者日益增多。太极扇是在太极拳的基础上，运用太极拳的基本技法，结合扇子的特点编定而成。太极扇是一种新兴的项目，推广很快，融合健身性和趣味性。它具有以意导扇、扇身合一、扇走美势、圆转旋翻等运动特点。长期练习具有

太极刀（示范：张全亮）

太极刀（示范：田秋信）

太极扇

益脑增智、畅经活血、陶情冶志的效果。现在流传的太极扇也有很多种，如杨式太极扇、太极功夫扇等。

大杆在传统的太极拳训练中应用比较多。现在由于受器材、场地等因素的限制，没有在社会上普及得很广，但在一些拳场、武术馆、民间武术家的传拳授徒中还经常使用。

太极大杆比较长，是练习太极拳劲力的辅助性器械。有的拳家也称之为"扎杆"。有单人练习法和双人练习法。太极大杆的主要运杆方法有开、合、崩、劈、点、扎、拨、撩、缠、带、滑、截等内劲法。练习时要求以周身之力运含于一杆之中。开可发于外，合能收于内，可有效增长太极功夫。

传统太极拳是一个完整的理论技术体系，器械在其中占有重要的位置和比例。一般认为，器械是拳术的深化，身体上的一些感受、要领，要通过器械再呈现出来，运用出来，是一个再创造的过程，所以它不简单地等同于把拳术中的技术"移植"过来，因此练器械的难度也比拳术要大。在传统的观念中，把器械看做是练好拳术后的一种提高性练习。先要练好拳，再练器械。从普及性健身角度看，可以把器械练习作为一种辅助手段来进行，有利于提高兴趣，扩大选择的范围，只要有条件，都可以练一下，现在可供练习的太极拳器械套路很多，如太极剑、太极刀、太极球、太极扇等。

太极大杆 (示范：李雅轩)

太极大杆 (示范：翁福麒)

太极球 (示范：史晓明)

七、什么是太极推手和散手？

太极推手是太极拳的对练形式。在传统太极拳训练中被认为是必须重点培训的。通过推手能够将太极拳套路中学习的劲力在实际对抗中加以运用。可以更有效地加强、加深对太极拳技击原理的认识、体会。在现代太极拳的体系中，推手也为很多人所喜欢，国家武术主管部门编创有推手练习套路，在民间各种武术比赛中，经常有太极推手的表演和比赛。

太极推手的练习方式是以二人为主，徒手进行。又有单推手——两人各以一侧手臂相搭、双推手——推手双方各以双臂相搭、定步推手——推手过程中两脚不能移动、活步推手——推手过程中脚步可以移动等形式。

推手过程中，推手双方手臂相接，圆转运行，配合以身、步的进、退，运用太极拳劲力的基本方法调动对方，使之失机、失势，重心不稳，劲力不畅，进而将其击倒或发出。太极推手中的对抗应遵循太极拳的基本原则，尚意不尚力，尚巧不尚拙，以柔克刚，引进落空，"四两拨千斤"。在进行推手练习时应不丢不顶，反对以蛮力相抗衡，以免造成通常所说的"顶牛"现象。

实践证明，太极推手是练习太极拳一项十分必要的辅助手段，能使练习者具体领略太极拳力学结构的魅力。通过推手增强体质的效果也十分明显。

太极散手，也称"太极打手"，是太极拳不受任何形式限制的综合技击方法。运用太极拳的招法、劲力及战术、原则于实战中，或接手，或断手，灵活应对，进行随意性交手。

太极推手(示范：李树峻 梅墨生)

这是太极拳练习到较高水平时的操作，开始时还要在老师的正确指导下进行，避免出现危险。

　　太极拳推手的目的是通过对抗的形式，更清晰地体验太极拳的劲的特点和劲力的变化，这种体验在练拳时也可以进行，但推手中更直接一些，另外推手还增加了交流和趣味。所以，有条件的，在老师的指导下，适当进行一些推手的训练还是有益的。没有条件一个人进行练习的，就要多注意自我总结，行拳时也要有对敌意识，这是武术的特征。

八、什么是太极拳的"三调",如何练习?

太极拳的要领很多,从健身角度看,主要可以归结为"三调",就是"调形",也叫"调身";"调心",有时也称为"调神";"调息"。太极拳就是通过这些调整,把人体的健康状态调整到比较好的水平。太极拳之所以能够健身,也是因为它的调整方法符合中国传统医学的原理,也符合现代医学、科学的健康原理。

调形——解除你的身体紧张点

调形就是调节太极拳的动作、身体姿势、运动形态等。首先要明确每个动作的定位和正确的变化,在每一个变化中的身体的空间位置等。对每一动作身体从上到下每个部位的要领要熟悉,在行拳中加以对照调节。

调形是调整身体外形、形态、有形的元素。这个形是人体的生理基础。我们的身体产生疾患,很多时候是因为形出现问题引起的,除了"外伤","内伤"也是形经常有的"病态"。"紧张点"的产生是形最大、最经常的"病态"。

我们身体里产生紧张点的原因很多,有不良的生活习惯造成的,也有外界的机械压力造成的,还有心理紧张也能造成形体的紧张。太极拳通过锻炼,在一定的规范下运动,这些规范都极大地缓解了身体的紧张点,解除紧张点就消除了疾病的隐患。打太极拳的套路,练习动作,就是调形的过程。

太极拳的调形,就是使调节身体的阴阳,不仅要解除现有的紧张,还要建立起以后不要紧张,随时释放紧张的一个生理的机制。这就要严格依照要领来做,让要领成为自然。

太极拳在调形上有几个重要的方面要特别注意,即端正、圆转、松沉、稳固、柔和。

端正首先是身体中轴要正。太极拳要领

练太极拳要宏大端正 (示范:王二平)

中有"虚领顶劲",头顶要微微上领,这样一下身体就正起来了,把全身的神就提起来了。下颌内收,含胸拔背,脊椎安舒挺直,身体的各个部分也都正了,正了才能各归其位。身体倾斜是练不好太极拳的。所以久练太极,身体自然有一股正气。

圆转是整个身体完整一气,练太极拳是整个身体的各个部分得到协调发展。动作处处有弧形,这是一种科学运力的方法,也符合人体的生理结构的全面锻炼,一动无有不动,能使骨骼和肌肉有节奏、有规律的运动,不断地伸展、收合,使全身的各个肌群、关节和血管得到舒展运动,使韧带组织得到锻炼和加强,并且在圆转弧形旋转式运动时,在内使气如车轮,内外很充实。

松和沉是相连带的。练太极拳时要求全身放松,四肢放松,内脏也放松,以松的感觉沉下去,这就是很自然的状态。

在完全放松的情况下，身体的各关节、肌肉进行运动，感觉阻力就很小，逐渐会消除紧张点。身体的紧张就会造成精神的紧张，把身体的紧张点消除了，也解除增加精神负担的一个"病源"。

稳固就是运动中要稳定，增强身体的平衡能力，平衡力强对大脑也有良好作用。练太极拳时每个动作要稳，不能东摇西晃，否则气就散乱了。太极拳套路都会有一些专门练平衡的动作，如金鸡独立、左右分脚等。柔和就能顺畅，身体的动态尽量避免死角，减少损伤。在内能使血流通畅。太极拳十分重视下盘的功夫，有很多步型的变化，都讲究虚实转换，使我们在练套路时进退迈步轻灵快捷，如行云流水，全身浑然一体，又节节松开。这种有节奏、稳定灵活的运动，正合乎人体阴阳的相对统一，脏腑气化有序的健康生理要求。

柔和就是让肌肉放松着动，柔和加上缓慢的肌肉运动，不会造成疲劳，不会造成紧张堆积，慢慢地舒展筋骨，舒展得很开，不淤血，不淤气，还增强耐力，柔能克刚。太极拳论中说"百炼钢化为绕指柔"，动作缓慢，加速血液循环，实现"外练筋骨皮，内练一口气"。

调形是太极拳的基础，动作要做

太极拳势分脚（示范：邱慧芳）

准、做对，这样才能起到很好的调形的作用。太极拳调形、调身的妙处在于，使身体处于最有利于健康又合乎运动规律的状态下进行活动。

人体的各种运动，是由运动神经所支配，从大脑前回的运动中枢发出冲动，通过椎体系和椎体外系以及周围神经纤维直达全身各个部分。平日，我们每一个站立或动作，都有运动神经指挥着有关部分的每一股肌肉，或张或弛地协同动作，以维持身体的平衡和动作的协调性。不过，局部的活动，主要只是该局部的运动神经在工作。太极拳运动，它的范围遍及指趾、手足、胸腰、头颈、耳目、口鼻，这种全身性的柔圆舒展的活动，是以腰椎为枢，带动全身肌肉骨骼的运动，这样也就带动神经、心血管以及相关脏腑系统也处于兴奋与抑制、舒张与收缩协调有序的活动中，使人生机旺盛，功能活跃。所以太极拳调形的意义不仅在于对形体的调整，对健康有全面的意义。

调心——绿色心态环境

练习太极拳中的"调心"就是调整意念，通过心理活动、意识活动的调节，进入练拳的状态，进入拳路进行的情景之中，消除杂念，使意念和动作相合一。

中国医学认为，身、心是一体的，它们的健康状态是互相影响的。当今社会的健康标准也认为，心理不健康就不是一个健康的现代人，生活质量受到很大影响。生活质量首先应该是健康质量。

在现代社会中我们承受着太多的心理压力，这是我们健康的一大障碍。在城市里，脑力劳动者很多，特别是一些知识分子、商业人士，动脑子多，大脑皮质长时间在兴奋状态，有一种惯性的兴奋，脑神经的抑制过程减弱，容易患上失眠症等，脑力容易疲劳，一疲劳，就会有一定程度的混乱，经常烦躁、发脾气等，时间长了，就会得神经衰弱症等疾病。怎么办？就要调整。太极拳注重调心是其健康的一大原理。

练太极拳时的调心，就是调节大脑皮质功能，建立起新的兴奋、抑制转化过程，把原有的不健康的情绪、心态消除，恢复因受到不健康因素干扰而受损的心智。

怎么调呢？关键是三个字：静、平、松。

心绪要静，

心态要平，

心情要松。

练拳时要静。在练之前，就要入静，进入一个没有杂念的世界。练拳时要把全部精神放在拳架上，这就是静，排除了干扰信号，一心一意地练拳。静中生慧，就是说在静的状态下，对很多事物的看法会更清楚，对健康的体察也更仔细、更明白。练太极拳有镇静作用，你心绪烦躁的时候练一练太极拳就宁静下来了。

静下来还有颐养的作用。把神聚起来了，养起来了。这就是为什么很多人练了太极拳后精神饱满，这是太极拳的精神调养作用。

心态平就是平衡、平稳，不急剧波动。练拳时集中精神，平时也要保持这样一个状态。打太极拳是一种修身的过程，提高人的修养境界，是结合自己的身体来修身，不是空洞的。太极拳外形柔和缓慢地动，心态也要同样，与之匹配、互动，使人的心智水平得到提高。

练拳时心情始终应该是放松的。不要紧张。精神要求集中，但神聚而不紧，身心泰然，抱元守一。松下来，精神压力就得到缓解，动作也做得对，气血沿经络运行，越练神越足，精神越好。身体感到越来越轻。所以很多人打太极拳要领如果对了，感觉越练越省劲，不觉得累。这是放松的效果。

这几方面是完整的，是一种状态的几个方面。通过调节

练拳调心（示范：张永涛）

的过程，就提高健康能力。

在中医学中，很重视研究人的喜、怒、哀、乐、忧、思、恐等"七情"，认为"七情"过极，就要引起精神和腑脏的疾病。中医典籍《黄帝内经》中强调："恬淡虚无，真气从之，精神内守，病安从来。"就是说你的精神如果处于静的、松的、平和、无忧无虑的状态，身体内部的气血才能顺从循环的规律，运行通畅。这样精神内守而自得，身体正气旺盛，病邪就难以入侵造成危害。太极拳调心的做法，正是要求人们在锻炼时做到"恬淡虚无，真气从之"、百虑俱消、物我两忘境界的，这样相似于外来噪音的干扰就被过滤了，人体进入一个最佳的生理状态。如大脑皮质进入良性的自我保护性抑制，大脑各功能区协调同步，各种内分泌也协调适中，这些生理条件使人感受到巨大的愉悦感，获得健康的真实体验。

太极拳的调心也在身体上带来放松。太极拳的松是身心同时放松，松而不懈，能解除肌肉的紧张状态，使外周血管阻力最小，全身气血循环通畅。人在婴儿阶段，其精神、身体都是非常松活柔软的，这就蕴藏了无限的生机。到了老年，身躯就变得紧张僵硬，思想也僵固，这就是生机衰微的反映。放松身心就是引导人们返老还童、延缓衰老的有效措施。

太极拳的调心就是调整产生一种绿色心态,就是一种平和的心态,一种放松的心态、和谐的心态、健康的心态。

调息——让你的内脏更加干净

中国传统养生术的最早形式之一是导引,通过肢体的宣导来健身。太极拳在很大程度上继承了导引术的内涵,从健身的角度可以说,太极拳也是一种导引术。

导引的一大特点,是与吐纳的有机结合,就是以呼吸调节配合动作。

太极拳的调息就是呼吸的调节,把呼吸作为健身的一种方式加以调整,把调节呼吸和调节身体的其他功能结合起来。

太极拳的呼吸方式主要有两种,一种是自然呼吸,一种是腹式呼吸。自然呼吸是以拳式为主导,不去过分关注呼吸,以自然舒适的原则使呼吸与拳式动作相配合。腹式呼吸是在呼气、吸气的过程中有意识地以腹部的收缩相配合,形成腹部横膈肌的升降活动,这样就会扩大或缩小肺部的体积容量。解剖和生理学说明,人的呼吸靠胸肋的开阖和横膈肌的升降活动来完成,而横膈肌的升降所促进的呼吸量,远大于胸肋开阖所得到的呼吸量。所以腹式呼吸能取得更多的新鲜空气。

空气是人的生命活动的重要物质,新陈代谢是生命活动的特征,营养物质之所以能化为能量,是依靠氧化才能进行的。所以,人体吸入氧气充足与否,直接影响到人的健康水平,特别是人的大脑,如果严重缺氧几分钟就可以发生不可逆转的变形和坏死现象,造成对生命的严重损害。太极拳的自然呼吸和腹式呼吸都要求做到细、匀、深、长,都是有节奏地有规律地呼吸大量的空气,并且通过缓慢的运动,形成气息在体内的充分交换,促进生命活力。

腹式呼吸还有一个作用，就是通过横膈肌比较大幅度的活动，对胸腹腔的脏器起到良好的按摩作用，使这些脏腑循环旺盛。横膈的运动，还加强了血液及淋巴循环，可以使心脏冠状动脉反射性的扩张氧化与还原作用加强，增加了心肌的影响，为有效地预防各种心脏疾病及动脉硬化创造了良好条件。

调息是太极拳的一个主要练习内容。太极拳家陈鑫说："打拳以调养血气，呼吸顺其自然。调息绵绵，操固内守，注意玄关。轻轻运行，默默停止，惟以意思运行。"呼吸之道，在于自然。绵绵调息，就是不间断、轻微、深长、均匀。在调息中，也要和意念相结合，注意行拳、调息过程中身体一些特别的感受和反应，就是调息和动作、内气相呼应，不是孤立、简单的呼吸。

九、太极之要——动静相生

太极练习动静相生　（示范：周世勤）

太极拳有动，是一种动态的锻炼方法。每个动作都是在运动中完成的。太极拳又有静，并且还非常强调"静"。但这个静要理解它的实质，不是简单的、绝对的静止。

太极拳的动是一种很均衡的动，有一种"静"的节奏、"静"的感觉。另外，练习太极拳时要求思维、意念上要静，不要胡思乱想，静下心来练拳，这样气就不会乱。练拳时要沉静，避免心浮气躁。沉静首先要"沉"，就是把该放的东西都放下来，不要背包袱，练拳时思想上还沉甸甸的，就静不了。

太极拳就是在运动中求静，以静御动。什么叫御动？就是以静的原则去动，不盲动。虽然在运动，但有静的含义。太极拳慢练的作用也在于此，慢了就容易静一些，呼吸也能均匀深长。

越是达到静的程度，静得越彻底，就会产生静极生动，这个时候生的是"内动"，内里的动，动得就深刻，锻炼的是内脏。

传统太极拳中有许多阐述动与静的精妙论述，如武禹襄《打手要言》中说："身虽动，心贵静；气须敛，神宜舒。心为令，气为旗；神为主帅，身为驱使。"

太极拳养生的关键在处理好阴阳平衡关系。练拳时涉及的对立统一的因素很多，主次要分明。身体是运动的，但心要静，如果心动了，气就躁了，就敛不了。心静下来了，才能很好地指挥肢体的运动，心是指挥部，指挥部有智慧，气、神就会各自发挥很好的作用，身体只是执行了。武禹襄还说："视动犹静，视静犹动。"动静是一体的，不能截然分开。动中感觉静，是一种均衡的动，静中要求动，不是死水一潭的静，这样就达到动有法度，静有生机。

许多养生学家的切身体验告诉我们，动静结合是养生的大要。如果只是一味的动，得不到安神的效果；一味的静，气血不能很好地流通，活力不够；动静结合就能实现性命双修。太极拳的锻炼正是依据动静结合的原则来进行的。所以在练习太极拳中，特别是在动势中，仔细体验"静"的状态是非常重要的。

十、太极之魂——刚柔相济

易经中有乾、坤之卦，乾一般象征刚，坤象征柔。中国哲学很是强调水的力量，水是柔的，它却无坚不摧。于是太极拳中就很善于处理刚柔的关系。

既然是一种拳术，拳术就有刚的一面。刚是什么？就是力度、力道，没有力道、软绵绵的就不是武术，也强壮不了身体。但中国武术的一个大的贡献就是发现并运用了"柔"的力量，把刚中加进去柔的成分，就避免了过于"刚"容易"折"的现象，实际上是用柔把刚包装了一下，不是表面上的包装，而是从内核的包装，是打造。

太极拳的动作比较平稳，没有明显的激烈跳跃动作，全身要求放松，这些都是柔的表现。太极拳中动作要内含劲力，把力加上柔的因素就变成了"劲"、内劲。陈式太极拳等也有发力的动作，但都不是用蛮力，是全身完整一气的劲。

刚柔相济
(示范：田秋信)

刚柔相济是打太极拳时内在把握的一种感觉。

正确发现并有效利用了人体刚柔的规律是太极拳的一大特色。武禹襄在《十三势行功心解》中说："极柔软，然后极坚刚，能呼吸，然后能灵活。气以直养而无害，劲以曲蓄而有余。"太极拳是练柔的功夫，因为人在平时全身都是"硬"的，因此先要去僵化柔，柔和松是一体的，不柔就不会彻底松下来。人体是紧的就束缚了血脉气息的流通，于身体健康不利。练柔以后，不是散掉，而是整起来，柔加上整，就是"刚"，很柔加很整，就是"极坚刚"。

太极拳的刚柔在不同流派中的表现方式有所不同。比如陈式太极拳，其中刚劲的动作比其他流派要多些，吴式太极拳柔的动作比较多些。在练习中，一方面要仔细体会整套动作的刚柔结构属性，另外一方面，对每个动作的刚柔属性也要注意把握，特别是刚性为主的动作，注意它柔性是如何体现的，柔性为主的动作，注意它刚性是如何体现的。每个动作都有刚柔的两个侧面，都要注意挖掘这种属性。

十一、太极之道——节节贯穿

人体由很多关节组成。从总体结构上又可分为上、中、下、左、右、内、外等若干个部分。节节贯穿，不一定是指关节，是指每一个部分，动作的完成是由每一个部分很顺畅的连接、呼应来完成的。不能有的地方动，有的不动。一动好像有一条无形的线把全身各部分串起来，既层次很清楚，又感觉很完整。

（示范：陈正雷）
练拳要节节贯穿

在太极拳完成动作的劲力传导中有一句很著名的话"起于脚，主宰于腰，达于臂，形于手指"，就是对节节贯穿的具体描述。

节节贯穿一方面指劲力的传导，劲起于全身某处，则处处与之呼应。某一状态中，有一个核心点，身体内外各因素均围绕此核心点展开布局。它不是一种简单的"加法"，而是一种呼应，一种特殊的身体"函数"关系。

它的另一方面指气的贯穿。身体骨节的贯穿是有形的，气的贯穿则更加深层。有时外形可能不动，但内气游走全身，一脉贯通，充盈于内脏和梢节。所以练拳如果真正实现了节节贯穿，四肢末梢应该是有充实的气感。

十二、太极之本——立身中正

练太极拳一定要正，不可不正。身形正了，气也正。气正精神就提得起、放得下。太极拳具体技术要求中有一条"含胸拔背"，也是立身中正的要求。练拳时不仅在静态，在定式时要保持身体中正，在运动中处处时时都要端正。过去太极拳家陈长兴被人称为"牌位先生"，就是形象地比喻他的身形非常正。如果立身不正，劲力就不能顺达，圆转变化就不会轻灵。

正是太极拳的基本要求，身体外形要正，内气运行要正，意念也要正。

立身中正（示范：冯志明）

"中正"有两个关键环节：头顶上悬，尾闾中正。头顶上悬就把精神提起来了，身体就不会萎缩，自然能展开，如果身体拘束一团，就不可能中正。

实现立身中正，尾闾是一个关键。传统太极拳《十三势歌》中说："尾闾中正神贯顶，满身轻利顶头悬。"这里强调了"尾闾"的作用。中正是对全身的要求，但尾闾首先要调正，尾闾一正，对应头顶竖起，就上下贯通，精神提起，头顶上如同轻轻悬起，"悬"字表明既轻且正，直至向上，不沉重，达到所谓"神贯顶"，这是一种很好的身体状态，把这种状态定型，形成自然后，就会觉得全身轻松。不把"顶上"功夫解决，很难做到一身松开，即使躯干端正，也会僵硬。所以练太极拳头部要领很要紧。

"尾闾"是脊柱下的最末端部位，尾闾中正是使脊柱下端保持自然垂直状态，这样上下两段问题一解决，身体的中正就解决了。

这里面有一点应该注意的是，尾闾部分有一个生理弯曲，其末端稍翘向后，所以要使尾闾中正，需要稍稍使尾椎向内、向下垂。

十三、太极之韵——连绵不断

有的太极拳流派被形容为行云流水，有的是运劲如抽丝，讲的都是连绵不断的状态。很多人一看就说你练的是太极拳，凭什么？就是连绵不断的动作，这是太极拳的一个显著特征。太极拳环环相扣，每个动作的结束，就是下一个动作的开始，旧力未竭，新力已生，周而复始，如长江大河，滔滔不绝。所以打太极拳时不能中断，不能断断续续的，从一开始学就要养成这个感觉，动作熟练一个连接一个，最后一整套完整一气。当然有时把一个单式提出来练那是另一回事。但单个

太极密码

(示范：祝大彤)
连绵不断就有无穷意趣

动作的各部分每一动的衔接也必须连贯一致。

打太极拳只有连贯了才能圆活，里面生出无穷的意趣来。

连绵不断既有外形的连贯，更有内在气势的流畅。就是在练拳过程中，动作的导引不能出现内气的淤滞。有时候身体外形虽然没有死角，节奏上没有停顿，但气势有停滞，或者出现内气散乱的情况，都不能称为"连绵不断"。

练一整套拳，身体的总体感觉是均匀的，是一种状态，不能跳跃、变化太大。连绵不断的前提是心绪的平静，否则，动作再流畅、再均匀也难以发挥太极拳的锻炼效果。

十四、太极之髓——内外相合

外是外形，是动作。这还是枝，内在是本。练太极拳最主要是要练内，由外动牵引内动，这样锻炼效果才深。打拳时做着动作，注意体会身体内部的感觉，由外及内。等练到高深境界，外动的感觉没有了，只有内动，外面肢体的动作是符号，内在的运动是效果。就好像书法，笔墨是外，写出来的字是内。如何运用笔墨是形式，字的线条、结构是内容。一套拳打下来，就是写了一幅书法，完成后，笔墨的概念没有了，字的线条、结构、章法、笔法留在纸上。

太极拳讲究"用意不用力"，意就是内，身体在意念支配下运动，所谓"神为主帅，身为驱使"，这样外形的动就有依据。

练太极拳的动作都有开合、曲张的变化，身体的这些变化要与内在的变化相一致，用外形的变化来引导内在的变化。太极拳有内三合、外三合的说法，内三合为心与意合、意与气合、气与力合；外三合为肩与胯合、肘与膝合、手与足合。做到内外相合后，就把身体变成了一个和谐的统一体。

内外相合的确切含义是，"外三"要与"内三"各个因素互相合，很多人理解"外三"相合，"内三"相合，这是片面的。只有互相交叉相合，才是做到了"内外相合"。

练太极拳外为导引，内为本质。双方高度统一谓之"合"。在合的状态下就是一个动态的平衡系统。

内外相合（示范：陈小旺）

太极密码

十五、太极之纲
——上下相随

(示范：郝宏伟)
上下相随

上下相随就是全身一致性的运动。对于人体来说，上为阳，下为阴，上下相随也是阴阳相合的一种体现。

做到上下相随要注意，不是上面在动，下面也在动就是上下相随了，是每一式要同时开始，同时结束。手、足、胯、膝要一起到位，不能因某一部位运动匆忙造成动作变形。要特别注意"腰为主宰"的功能，腰为连通上下之枢纽，为中心带动身体运转，就容易做到内外的同步和谐。再有就是意态上要轻灵，不要紧张，要自然，不能生硬，实现意动则全身都动的效果。这样打起拳来就很协调了。

太极拳是一种整体锻炼的项目，上下相随是整体性的要求。只有实现了上下相随，才达到完整一气，内外如一。怎样才能达到上下相随？第一，"一动无有不动"，上下一起动，不能手动了，脚没动，脚动了，手又慢半拍，就不随了。第二，同时到位。一起动不一致还不行，也不叫随。手到脚要到，身体转向也同时完成。这才叫"一气"。第三，劲力相合。前两方面是指空间相合，空间一致了，劲是散的，没有合上更不行，身体如何变化，劲力与之相合，这就要求真正理解每个动作的准确含义、劲力的特点等，实现收放自如。第四，意气转换灵。在外是动作，在内是意气，没有意气相随的太极拳动作就是没有拳的灵魂，空空荡荡。做到以上几点，就可以做到"上下相随"。

太极密码

十六、太极之根——松沉一体

放松是太极拳讲得最多的一个要领，有特殊的健身意义。不放松就紧张，身体就僵硬。练时间长了就会觉得疲劳。所以太极拳练得好不好，就看你能不能松下来。松和沉是相连带的，放松时身体各部分自然沉下，拳论中说"沉肩坠肘""松腰坐腕"都是讲沉。

在松沉中，首先是精神状态的松弛，心静如水，平和自然，没有杂念的纷扰。达到这一点后，逐步检查形体的放松，各部分舒展、展开，肌肉、关节、表里处处松开，不使有紧张累

松沉一体（示范：祝大彤）

积。关键的一方面还要做到内脏的放松，各得其位，各应其职。在运动过程中，动作要松沉，行拳走架舒畅圆润，和谐沉稳。

做到了松沉，就是有了太极拳的"蓄"，就有养料。

我们要特别注意体会"松"和"沉"连在一起的含义。沉着松是自然向下的松法。由于重力的原因，人体向下的松是一种最省力的松法。实际上只要我们调整好了身体各部分，使之互相之间没有消耗，没有矛盾的纠缠，也就是完全"理顺"了，在重力的作用下，就是一种"松"的状态。所以练太极拳不是我们主动去架构一种状态，而是去掉多余的、束缚我们身体的羁绊因素，就达到了松，这就是一种阴阳和谐的太极状态。

十七、太极之宗——虚实分明

太极拳分虚实。每个动作都有虚实。全部的套路实际上就是虚实转换的过程。对动作的虚实要很清楚，不能含含糊糊，一带而过。具体的动作中，重心在哪条腿，哪条腿为实，另一腿就为虚，但下一动，虚实就会有了变化。虚实能分，转动就会轻灵，虚实把握得不好，身法就滞重。

在初学太极拳时，掌握虚实是迅速入门的一个诀窍。把每一动、上一个动作和下一个动作之间的虚实变化，重心的分布搞清楚了，就学得很快。

清楚了虚实还要做出来，做得连贯均匀流畅。要交代得很清楚，这样重心就会稳定，拳论说"迈步如猫行"，步法上很灵动。

有的人把太极拳叫做虚实拳，可见虚实问题在太极拳中的地位。

还要讲究变化的虚实，一个实招用到了头，用"老"了，就要变为"虚"，否则这个实就容易成为"滞"，就是容易被人拿住的"点"，不会变虚的"实"是笨招，下乘之招。同样，虚招是为了成为实招而设定的变化过程，不能变为实招

虚实分明（示范：杨振基）

的虚就是空招。太极拳套路的练习，势势相连，招招相随，每一招都经历一个由虚变实、由实而虚的完整的变化循环。在练习中我们应细心体会这种虚实的过渡和转化。

在太极拳套路中，每一式的定式，都有一个明确的虚实结构，哪只手是实，哪条腿是虚，都应该一一弄得很清楚。练习时要交代得明明白白。当然，到了高级阶段，虚实只在意念中，形的界限就小了，那是另外一回事。

虚实在技击推手中的应用也是太极拳的一种高级功夫。高手对敌，善于将实点化虚，以虚点拿实，虚实对接就是"引进"，虚实的转换就是"落空"。

太极密码

十八、太极之神
——意气运转

　　意气运转就是用"意"的要领。太极拳是"意识体操",核心在用意。用意识引导动作,要充分发挥想象的作用,"意气君来骨肉臣"。太极拳被称做"内家拳",也有这方面的含义。

练太极拳能够运用心意功夫才能达到上乘
(示范:冯志强)

意气要用,还要用得灵,不要大起大落。很激动的,不行。是一种圆转的运化。动作一定要在意识的指导下展开,不要脱离。

　　在练拳时精神要集中,不要开小差,专心致志,心中只有拳,练到一定的程度,可能拳的动作结构也逐渐忽略,变成了一种整体的感觉。就是拳论中说的"空"的感觉,进入一种高级的"修心"的境界。

　　用意是太极拳练习的基本要求。只有用意,才能练意,达到身心并练,也才能脱出形体体操的范围。太极拳《十三势歌诀》强调"详推用意终何在,延年益寿不老春"。可见用意也是太极拳健身的关键。用意的作用在于,化僵硬为柔软,化方直为圆转,化外动为内练。如何用意?首先不能太着意,太着意了,就是在意而不是用意了,就转换不灵了,就气滞。

《行功心解》载"意气须换得灵,乃有圆活之趣,所谓变换虚实也",因此用意贵在自然。另外,用意时要"意在先",拳论说"意气君来骨肉臣",就是意念引导动作。人的行动受意识的支配,这是生理学的基本常识之一。谁都会用意识来指导动作,但太极拳在于强化这种意识,引导这种意识,久之,使之成为本能化的习惯性意识行为——这就是太极拳用"意"的立足点、出发点。还有就是太极拳用的这个"意"要有技击的意识,要有攻防变化,每个动作都给予技击的解析,这样拳架有法,精神有度。

"心意"是太极拳内练的功夫,有心意,肢体才能"活"。拳论说:"先在心,后在身。腹松气敛入骨,神舒体静,刻刻在心。""在心"就是运用意识,以心行气,以气运身,就是在意识指导下的身体运动。但又不能太着意,而应是有意无意之间地运用意识,神意舒展,整个太极拳的状态是一种自然的、安静的、轻松的、内外一体的流动性展开。

《十三势歌》中所强调的"若言体用何为准?意气君来骨肉臣"就是突出了练意的地位。练太极拳要意识指导动作,一切的动作、姿势是在一定的意识状态下的运动。每一动作都有固定的技击含义、练习目的,都要在练习过程中呈现。如果意识散漫,或者游离在动作之外,就是形神不合,所以拳式要统一在拳意之下,这样才能达到内练一口气、外练筋骨皮的效果,

练太极拳全凭心意下工夫
(示范:李龙骖)

否则就是练"体操",就失去了太极拳的特色。

陈鑫在其拳论中论述心意的作用:"心为一身之主,肾为性命之原,必清心寡欲,培其根本之地,无使伤损,根本固而后枝叶荣,万事可做,斯为至要。"

中国古典养生理论一贯将心、肾相连,从五行的角度认为,心为火,肾为水,心肾相交,即为水火既济,才能阴阳平衡。如果肾气不足,严重亏损,就是伤了根本,如同大树枯根,枝叶难以茂盛。所以养生必先养肾,练拳也要先固肾。固肾的一个重要条件就是清心寡欲,要把练拳和修心结合起来,否则心浮气躁,肾源难固。

十九、太极之窍——呼吸自然

呼吸问题各种拳派讲得很多,具体方法也不少。可以结合拳式进行呼吸,也可以进行一定周期性呼吸,但总的一个原则,要自然、流畅,要细、匀、深、长。不能急促、憋气。开始练拳时,可以不用太关注呼吸,任凭自然。到了一定的熟练程度,顾得过来了,就可以根据每个人的习惯和体会,调节一些呼吸的幅度和频率,增加一些运动量。从养生的角度说,太极拳也是一种导引方法,导引通畅和呼吸配合起来,效果就更好。但具体到某个动作如何配合,则需要在实践中体会,应该以自己感觉舒畅为好。

呼吸在养生中很重要,不会呼吸,动作就会和呼吸打架。你在练拳时感觉不到呼吸,又不觉得憋气时,呼吸就对了,呼吸就会配合动作,产生灵活。养气和蓄劲是同一个概念,

就是不作无谓的损耗，像蓄水池一样，养起来，蓄起来，内气充盈，劲力、精神就百倍了。

呼吸自然是太极拳的基本呼吸方法　（示范：翁福麒）

二十、学习太极拳要做好哪些准备，注意哪些问题？

刚开始学太极拳注意解决几个问题：一，根据自身情况，选择一个适合你练习的套路；第二，买一本简单、准确的太极拳辅导书看一看；第三，找一位明白的老师教你，或参加辅导班。第四，把学习开始就当做锻炼的开始，心理上不急于求成。不要想一下就练成什么水平。第五，练太极拳的服装简单准备一下，衣服宽松一些，鞋子轻便一些，最好不要

太极密码

在环境优美的地方练太极拳是一种身心享受

穿皮鞋。第六，最关键的一点，要下定决心，持之以恒。

　　太极拳是一项运动健身项目，也应注意一些运动卫生方面的环节。选择练习场地，要空气清洁、通风、平整，不能太湿，最好也别太硬。如果有条件在环境比较好的地方练习能够神清气爽，效果更好。不要在烈日下练习，气温太高也暂时别练。衣着要宽松，柔软，要穿比较干净、最好能吸汗的服装。鞋也别太紧。开始较大运动量练习套路之前，最好做一些准备活动，把身体关节及腰腿活动开，运动量逐步增加。不要光着身子练习，以免受凉。练习结束时应做些整理活动。运动完毕后，应及时脱下有汗的衣服。饥饿时或刚吃饱饭不应练习。

二十一、练太极拳选择什么式子好？

太极拳的流派很多，通常所说的陈、杨、吴、武、孙等式是流传较广、比较著名、练习人数比较多的几种流派。每种流派的太极拳又有很多的套路，有简单的，也有复杂的，有拳术套路，还有器械套路。这种情况，给广大群众练习太极拳提供了比较大的选择余地，能充分适合各种情况的人选择。可以说，这些太极拳的流派套路都具有强身健体的作用，但就每个人的情况来说，选择上也有些讲究。基本上可以参考以下几个方面来考虑：第一，根据自己的喜好来选择。每种太极拳虽然在基本原理、基本技术上有很大的相通性，但也有很明显的区别，有些地方区别还很大，特别是在风格上。在开始练习前，建议大家可以先看一看各种太极拳的套路，你喜欢了一种风格，你就有兴趣练，练了才有兴趣坚持下去。因为太极拳健身不仅是个体力活动，还是一个享受、审美、对自我身体感觉的综合性的过程，甚至还有文化心理上的感受问题，你越喜欢，而且是发自内心的喜欢，不是当做一项任务来完成，你的健身效果就会更好。在太极拳上讲就是"身心合一"了。第二，要结合你的学习条件。比如说，有没有老师？有哪个流派太极拳的老师？你喜欢一种太极拳，开始还要有老师来教。如果你有条件跟随一个好的老师学，对太极拳入门和提高非常重要。所以建议大家，如果身边有一位非常好的老师，也可以先跟随他来学习。第三，结合自己的身体情况。你的体能情况如何？体质弱一些的，可以选杨式、吴式等，体能充沛一些的，可以选练陈式、赵堡等。第四，在套路上，开始练习时，要选择比较简单的。为了适应时代的发展，各太极拳流派几乎都有自己的简化套路，当然更多的是传统套路。开始学习，最好先由简单套路入手，先把一些典型动作学会。太极拳有个特点，很多基本要领，特别是一些原则性要领，基本上都融会在典型动作中，你练好了几个典型动作，对学好整个太极拳套路会有很大的帮助，而各流派的简化套路，都是将典型动作提取出来组合编排而成的。

需要说明的是，各种流派的太极拳，其核心要领、基本理论是一致的。王宗岳《太极拳论》中说："虽变化万端，而理为一贯。"太极拳的道理其实很简单，不要神秘化，不要复杂化。不管是哪种流派的太极拳，也不管是太极拳套路中的哪个动作，在运动路线、劲力等方面有很多不同，那只是方法问题，在根本道理上是一致的，就是"理为一贯"——就是平衡和谐的原理，要围绕整体和谐、阴阳平衡的原则；就是要全面实现生理和心理的平衡和谐、上下内外的平衡和谐。如果偏重于某一个方面，太极拳的锻炼都是不完整的。

各流派太极拳的核心要领是一致的　（示范：钟振山）

二十二、太极拳桩功的作用是什么？如何练习？

桩功也叫站桩，是太极拳的内功练习法，既是入门练习的方法，也是到了很高水平仍要不断练习的方法。很多武术家非常重视站桩的练习，强调"百练不如一站"。桩功就是身体保持一定的姿势、神意保持一定的状态、静止站立的练习方法。

站桩是武术的一个重要训练方法。形意拳有三体式，少林拳有马步桩，太极拳有无极桩等，这些站桩练习，不仅对于技击有作用，对强身健体效果尤其明显。许多拳家强调，练拳先练站桩。拳谚说"练拳无桩步，房屋无立柱"。通过站桩锻炼，一是训练心境，让心态平和，还可以提高对环境的敏感性，增强抵抗力。另外，可以增强肢体特别是下肢的力量，逐渐消除浮力，

示范：李斌

太极桩功

使沉力重生，周身气血顺畅，内外一体。经常站桩的人会有感觉，就是越站觉得身体越轻，身体实了，感觉轻了，这是站桩的一个特点。所以练太极拳应该配合练习一下站桩。

桩功的基本原理是静以制动，通过身体外形的静，促使体内的气血自然的萌动，尽量减少了外力不合理的牵引。由静而生的动，乃生生不已之动。

站桩时意念要高度入静，这是能否产生好的效果的关键。身体要完全放松，各个关节不能出现死弯，应保持大弧形状态。松中有紧，松而不懈，这样就能抱元守一。

太极拳中著名的桩功有无极桩、太极桩、马步桩、内桩八法等。每个流派的太极拳都有自身独特的桩功练习法。

二十三、每天练拳多长时间合适？

太极拳健身是一种整体的锻炼，不能简单地从量上来衡量，更应当看"质"。要领正确每天练20分钟，比要领不对每天练一小时效果要好。另外，还跟你在锻炼时间内的密度、强度有关系，你是在一小时内不停地打拳，一遍一遍来，还是有间隔、有不同形式地交替进行，都不一样。如果时间充裕，可以合理科学安排锻炼内容，动静结合，单式、套路结合拳、械甚至推手结合等。平均来说，每天练习半小时至两小时都可以。有时花上10分钟练一套简化太极拳，只要持之以恒，效果也会不错。

每天都坚持练，这一点很重要。

太极密码

二十四、练太极拳怎样呼吸？

呼吸和动作相协调 (示范：李益春)

呼吸是太极拳的重要内容。关于太极拳的呼吸，各家论述不一样，如有的强调"气沉丹田"，有的主张"腹式呼吸"等。但概括起来基本上是两种呼吸方法，一是自然呼吸，二是拳式呼吸。

自然呼吸就是不要过分注意呼吸和拳架、动作的配合问题，在做好拳势动作基础上，呼吸以自然、舒服为宜，你觉得舒服了，就对了。长此以往，呼吸自然就和动作配合上了，这实际上是以动作来调节呼吸。这种办法的前提是动作要准确，要合乎规格，要规范，对动作要求比较高。

拳势呼吸就是有意识地将呼吸和动作结合起来，在练太极拳过程中，把呼吸过程和太极拳动作的外形以及外形的变化趋势、特征结合在一起。呼吸的长短和动作的过程相联系，呼吸的吐纳也和动作的开合曲伸相关联。一般是动作外展为呼，内收为吸；动作沉降为呼，提升为吸；发劲时为呼，蓄劲时为吸。不管哪种呼吸，基本要领都应是细、匀、深、长。

这样，呼吸的节奏和拳法的运行节奏基本一致。久而久之，形成了拳一动呼吸就相随的局面。但在开始练习时要有一个有意识的配合过程。拳势呼吸中要注意的一点就是如何把呼吸和动作配合，这个模式要搞准，否则就是搭配不合理，是"拉郎配"，就会越练觉得呼吸越别扭，内外不能统一。要配合好，一个简单的衡量标准就是自己要觉得舒服，不舒服就不对。更深入一步，就要研究呼吸和动作相配合的规律。

|太极密码|

二十五、练太极拳的套路是否越复杂功夫就越深、效果就越好?

传统的武术套路,包括太极拳套路都比较复杂,主要是通过套路这种形式把许多武术动作串联起来,便于记忆和综合运用,并加大运动量。进入现代社会后,为适应更多的人练习,特别是作为以健身为目的的锻炼,对传统太极拳进行了系统的简化处理。简化之后,不是说锻炼效果就差了,因为简化动作,但要领不能简化,否则就不是太极拳了。所以如果仅仅为了健身,练一些简化套路就可以了。当然,如果有更多的时间、精力和兴趣,或者想在更多方面提高功夫,就应当多学一些内容。

传统太极拳 (示范:褚桂亭)

这里面有一个如何看待太极拳的动作和套路结构的问题。太极拳的动作,有简有繁,各自的功用不同。有些需要复杂些,有些简单就够了。总的来说,不能有多余的动作,那些毫无意义的小动作,既不符合技击原理,在养生上也收不到更好的效果。大道至简,简洁的式子往往就是根本。

在传统套路中还有很多重复的动作,有的是强调动作的重要性,反复出现,有的是为了左右对称练习。这些套路可根据我们的条件和喜好来选择习练。

二十六、太极拳练习中如何实现正确的身法要领？

太极拳家武禹襄在《身法八要》中提到："提顶吊裆心中悬，松肩沉肘气丹田。裹裆护肫须下势，涵胸拔背落白然。"这段话言简意赅，讲述了太极拳的一些主要要领，几乎反复被各种太极拳研究论文引用，全面论述了太极拳身法中的细节。

头部既要正直向上，又不能使劲顶，体会"提"字，仿佛上面有线吊着，而且一直吊到裆部，上下一线，又直，又松。只有做到松肩沉肘才能气沉丹田，肩不能耸，不能端，肩和肘的关节都是松开、展开的，这样胸部不憋。太极拳练拳中的肩部毛病也有人比喻为"寒肩"，就像感觉寒冷一样，缩起肩来。"裹裆"是保持裆部的开圆，裆部开圆了，行步就容易分清虚实，也使人体中、

武式太极拳势　（示范：翟维传）

下部气脉贯通。肫 (zhūn) 是鸟类的胃，这里代指人体胸腹部位，沉身静气对人体内脏有温养作用。胸略内涵，但不可硬挺，还是个虚和松的问题。脊背要自然挺拔，胸含，背不拔就会窝住，背一拔，身形就展开了。概括理解身法八要，就勾画出了太极拳的整体形象，各部分要领说法有别，要领则是一致的。各部分是相互关联的，每部分的要领是自然合成的，一个地方出问题，其他地方也很难做好。

太极密码

二十七、练太极拳如何运用眼神？

"眼为心之苗"。眼是反映你内在的状态的窗口，练太极拳重要的一点就是要练"内"，眼神是表现精气神的一个重要指标。所以太极拳中眼神的运用很关键。

首先在练拳中眼神不能散，一散就乱，神气外泄，精神就不饱满。所以练太极拳时眼神应该始终是含蓄的，含而不露。但不能呆滞，你含倒是含了，但目光恍惚，不流畅，气韵不生动，你打的这个拳就没有生气，所以既要含，又要饱满，叫做"神光内敛"。

在具体方法上有一个要求，就是眼随拳走，你的眼神要和动作相配合，相一致，要跟着拳势的变化而变化，有时要眼随手走，但不绝对。要对每一个式子的具体要求细心体会眼神的变化。

还有一点应注意，有的人练拳时为了显示拳的"活力"，眼神乱飘、乱飞，好像很有神采，其实丢了稳定。

眼神运用是太极拳关键练习环节
(示范：陈正雷)

二十八、太极拳健身需要练哪些基本功?

(示范:杨澄甫)

都反复出现的基本式子单鞭是各种太极拳套路中

太极拳健身是一个系统的工程,基本功是打基础,所以要重视。无论练哪种流派的太极拳,都应该首先练好基本功,并且长练不懈,还要将基本功融合在拳术的套路中去。基本功练扎实了,拳的效能才可以很好体现出来。

太极拳的基本功有几方面,一是基本的手型、手法、步型、步法和身形、身法。一套拳有一些主要的手型,太极拳中,掌是最主要的,每种流派强调的掌有所区别,要注意体会。对一些基本的手法,如推掌、翻掌等,它们的作用、劲力的特点要清楚。太极拳动作虽多,基本的步型并不多,如弓步、开立步等。在步型上,特别注意虚实的结构。步法上重点掌握进退的变化规律。太极拳身形、身法并不复杂,以轻灵、中正为核心,在各种身法变化中都要注意把握这两点。

二是一些最基本的式子,如云手、单鞭、如封似闭等。一些重点式子在传统太极拳套路中会反复出现。在练习的时候,可以把它们提出来,单独重复练习。

三是基本的内功,如站桩、呼吸训练等。这些基本功可以单独提出来练习,也可以结合拳术套路加以体会。

(示范:董英杰)

每个太极拳动作都包含特定的手型、手法、步型、步法

二十九、练习太极拳科学的程序是什么？

练太极拳怎么上手，这是很多人关注的，许多人学太极拳上来就开始学套路，这不太合适。学太极拳的程序要对，就会有长远的效益。

开始学动作前，要先看点太极拳的书，了解一下太极拳的基本特点和基本理论，这对学拳有好处，你就会明白地练，减少糊涂，这样往往能起到事半功倍的作用。

之后，先练基本功，根据你所学的太极拳式子的特点，在老师的指导下，选择几项重点基本功先练习，体会要领。基本功练习虽然开始要多费些时间，但打下坚实基础后，往后的进度就会快，效果就会好。

再进一步，开始练单式，通过单式练习，体会太极拳上下相随、完整一气、内外相合的技术特征。单式是套路的基本因子，单式练对了，拳的基本味道就有了。

单式练习熟练了，就可以练套路了。学习套路也不一定要依照顺序从头到尾地来，可以先把一些难度较大的式子拿出来反复练习，之后再串起来。但最后，一定要仔细体察整个套路连接后的韵味，因为太极拳的很多感受都是在完整的套路连接中体现出来的。

太极拳单式练习 （示范：严承德）

三十、什么样的练拳速度是合适的？

太极拳的速度也是一个辩证的问题。一般来说，大家感觉太极拳练习起来很慢。这是通常意义上的，特别是作为养生健体，在套路熟练后，按照正常速度慢慢练习，现在一个简化套路练习下来一般是在5分钟左右，每个人根据自己的情况，再适当放慢也没关系。总之是要把动作做到位，把要领突出出来。

但对于太极拳的速度理解也不要机械，也要有变化。陈式太极拳的套路本身，就有快慢相间的变换，这种变换就是它的特点之一，在练习中要表现出来。在学习和训练中，有时还故意要运用速度变化的方法来体会拳式内在的结构。比如对一些拳式的快练，你就很鲜明地感觉到它的技击含义，有时一个动作反复练习不得要领，你把速度一改变，就从另一个角度认识到了。这是训练方法问题。还有一点，就是一些传统的太极拳流派中专门有非常快速的练习套路，比如杨式就有"快架"，但因过去公开流传较少，所以不为人所知。

在传统太极拳中，还有一种练功夫的行拳速度非常慢，每一动都细细体会身体内外的各种感受。有的老拳师，一趟拳下来，要用一个多小时的时间，称为"磨功夫"。大家也可以试一试，别有一番体验。

太极拳速度因拳而宜
(示范：严承德)

三十一、太极拳健身中的平衡如何具体实现？

平衡是太极拳的健康原则。中医学上认为，人体是一个有机的平衡结构，阴阳互动，互为平衡，人体内外的平衡一旦被打破，就会产生病变。所以太极拳处处以平衡为原则，平衡的思想始终贯穿在理论和实践当中。对于太极拳的每个动作，要注意理解它内外平衡的关系，外在的形态是怎样的，内在的功能又是如何，做到"内外平衡"。

只练了外形，达不到深度效果。每个动作都有开合的关系，这也是一种平衡，开多大，怎样合回去，这一开一合的连带关系是什么？开是对外、对他人，对环境，合是向内、对自我，这种转换中如何达到平衡？这是"开合平衡"，还有"上下平衡"，许多动作有上也有下。拳论上说"欲上必先寓下"，是上、下也对立统一的矛盾。其他还有很多方面的平衡关系，如呼吸和动作的平衡，手和脚的平衡，概括起来，就是个"阴阳平衡"。阴阳元素有哪些，要搞清楚，每个元素的阴阳属性也是动态变化的。所以理解平衡关系也要动态掌握。

太极拳械的每个动作都有平衡关系
(示范：吴文翰)

清华大学学生集体练拳

三十二、练太极拳配乐好还是不配乐好?

太极拳配乐也是个发展中的新事物。过去传统太极拳中没有音乐,也没有条件去考虑配乐。后来一些人练习,特别是在表演中加入了音乐,感觉效果挺好。一开始也有争论,有的人认为配乐破坏了太极拳的内在韵味,把太极拳机械化了,影响了它的深度。但另一些人认为,太极拳本身就是有内在的节奏,是一种很优美的运动,配乐挖掘了它的音乐潜能,更好地表现了太极拳的美。一般来说,作为大众健身的太极拳,适当地配上音乐练习是可以的,能提高练习者的兴趣,还便于记忆。音乐也是一种调节工具。配什么样的音乐要讲究,既然是健身,音乐也要愉悦身心,所以要选择舒缓、优美的,节奏上不能激烈,音乐主题上要健康。现在很多人喜欢用中国古典音乐来伴奏,中国传统音乐宝库十分丰富,能体现民族文化特点。选择音乐的长短要和太极拳套路练习的长短相符合,特别是开始和结束,跳跃性不要太大。有人用一些现代音乐来伴奏效果也很好,如果有条件还可以专门选择、制作一下,以便使音乐更好地配合拳术套路。另外,不同特点的太极拳套路音乐上应有所区别,如果要求更高一些,音乐的意境上能和套路的风格相吻合就更好了。为了太极拳推广的需要,有关方面也编创了一些规范的太极拳配乐带,可以作为参考使用。

太极密码

三十三、练太极拳如何做到"松"？

松是太极拳最基本的要领之一。对养生尤其重要。做到了"松"，拳架子才能自然流畅，心理上才能稳定，通过练拳，解除身心上的紧张点，气血贯通，虚心实腹。太极拳中的"松"指的是全身自然舒松的意思，不是懈怠和疲沓。它

松是太极拳的重要要领　（示范：祝大彤）

对肢体有"曲中求直"的要求。练拳时周身关节、肌肉，凡能够或应当舒松的部分都必须做到自然松开。松的目的一是便于做到"柔、圆、缓、匀""节节贯串"等，以求运动的灵活轻松；二是胸腹松静，便于沉气，稳定重心。

完全做到太极拳的"松"，也要从两方面着手，一从外，即从人体躯体着眼。头部，要求顶头悬，做到不丢顶。颈部要自然，颈肌要放松，避免颈项强直。躯干，要求立身中正，就是要求脊柱自然地呈现直立状态，不能倾斜，也不可故作姿态，以安舒中心，符合自然才对。要求含胸拔背，胸部略内含避免挺胸，则背部成自然的微弧背弓状态，其作用是使胸部松开，便于内脏自然适宜。四肢，要求松肩垂肘，溜臀松胯。两肩自然下垂，不前扣、不后挤，前扣则胸紧，后挤则背部紧张。肘要自然下垂，不可有意下坠。臀部不凸出，要自然含垂，避免随便扭动。两胯要松，使两腿自然伸屈不受影响。两膝盖勿向前或左右闪出，前膝盖与脚尖自然对正。

两脚掌、两手掌也应舒展、松开，不要用力。二从内，对人体内部而言，要保持头脑安静，神经不紧张，以便周身松静。头脑安静，运动才能做到"纯以意行"，不使用拙力。要做到放松腰、腹部位，"腹内松静气腾然"。腰、腹不用力，气自然下沉，就是利用腹呼吸，做到"气沉丹田"，既可避免气上浮，也可稳定重心，以利运动的变转灵活，不迟不重。

三十四、"虚心实腹"在太极拳健身中有什么作用？如何做到？

"虚其心，实其腹"是中国传统养生的一个理论。"虚心"就是心要静，减少杂念，高的要求是"一尘不染"。有杂念就耗神，不利健康。"实腹"是气沉不上浮，上浮则心烦气躁，内息紊乱。有的武术拳种和运动为了增强力量，在练习中要求挺胸、收腹，太极拳是要求涵胸，实腹，这与"气沉丹田"相一致，使小腹有充实感，行拳时从容、稳定，沉着则宏大。所以，打拳时身体要稳，呼吸要匀，不急不躁，心境自如，则可"虚心实腹"。

虚心实腹
(示范：程秉钧)

三十五、练太极拳常见的主要错误有哪些？

任何人练太极拳开始都会有各种各样的错误，不断地纠正错误，水平就不断提高，纠正错误的过程也是个锻炼的过程。所以练太极拳不能怕出错而缩手缩脚，要大胆动，太极拳顺应人体规律，你练的舒服状态，就是对的状态，但总结一些出错的规律可能会又助于大家的练习。过去的拳家就很注意这方面的研究与归纳。如太极拳研究家陈鑫就总结有"三十六病手"，陈式太极拳名家陈照奎概括了练太极拳的五十种错误行为，具有较强的实用性。这里介绍如下：

1. 僵：有刚无柔，通病。防治：全身放松，同时要做到松而掤劲不丢。

2. 飘：有升无沉，有上无下，漂浮，或叫拔根。尤其是在提腿和跳跃动作时更易犯此病。防治：轻沉兼备，逢上必下，周身有上升部位必有下沉部位。腰以上螺旋上升，腰以下螺旋下沉。上有虚领顶劲，下有气沉丹田，五趾抓地。对拉拔长，稳固下盘，裆走锅底型，逐步做到上肢如风吹杨柳，下盘稳如泰山。手的动作，顺变逆，逆变顺，必须先坐腕，否则也飘。

3. 散：有开无合，松懈，或四肢开展过大，两臂开展之中没有相系相合之感。肩、胯、肘、膝、手、足之间失掉"六合"规矩，以及敞胸、敞裆，都是开展有余，紧凑不够。脚该扣不扣。手型散也是病。防治：四肢总保持半圆型，掤劲不丢，处处做到开中有合，合中有开，开合相寓，要做到舒展之中有团聚之意。下盘两膝、两足，常常里合。

4. 拘谨：动作放不开，不到位，不舒展。防治：处理好开合关系，合中有开，"紧凑之中有开展之意"。

5. 直：直来直去，没有缠丝劲。防治：动作螺旋，触处成圆，周身各关节的松沉处处求一个圆字，动则求一个旋字，非圆即弧，非顺即逆。

6. 丢：丢劲，失去掤劲或丢掉小动作。防治：掤劲不丢（弹簧劲）动作不缺，过渡路线不含糊。

7. 扁：没有掤劲，圈不圆。防治：掤劲不丢，周身如同一个充足的气球。外行饱满，内气鼓荡。"筋骨要松，皮毛要攻"。

8. 贪：上身前倾，有前无后。防治：注意左发右塌，右发左塌，前发后塌，上身中正，前去之中必有后撑。

9. 拱肩：上肩拱，上挺，上拔。防治：时时注意沉肩坠肘。掌根下塌，另外，拱肩与胸腰能否开合、腰能否下塌也有关系。

10. 晃肩：肩左右摇摆，初学用腰劲抖不出来，而肩膀左右摇摆非常难改。防治：上身中正，松肩塌腰，以腰脊带肩。

11. 探肩：两肩过分前卷，含胸太过造成的。防治：含胸塌腰，肩微含，不可过，做到胸背有开合，胸开背合，背开胸合，两肩松沉。

12. 架肘：肘上架。防治：肘要下坠，不能离肋。

13. 挺胸：开胸过大。防治：开胸指胸肌横向拉开，不是前凸而是要螺旋中运化。

14. 凹胸。含胸过分，有合没开。

15. 弓背：同上。

16. 弯腰：下盘支撑力不足，腰腿没劲。

17. 凸臀：臀可以上下立体螺旋翻动，切不可后凸。裆部有开有合，肛门有松有提，臀部有翻有沉。

18. 跪膝：膝过足尖。防治：加强下肢功力锻炼，坐腰。

19. 水蛇腰：腰软得过分，左右扭摆。防治：腰劲贯下去，贵坚实。腰不可软，不可硬，折其中。

20. 腰死：不会动腰，死板一块。防治：活腰，塌腰，松腰，转腰。

21. 绷胯：胯松不下，即大腿根处凹不进去，总是向前绷，这样，腰劲就难以灵活运化。防治：松胯的要领在于塌腰，而塌腰必松胯。打拳时腰后坐，转腰时，要让大腿根处凹进去，松下来，不可绷直。让小腹肌与大腿根的肌肉相连，特别在转换重心时。

22. 荡裆：裆太低。防治：裆要虚，要撑圆，低不过膝，仆步除外。大小腿弯处不能小于90°。

23. 夹裆：裆不虚圆。防治：会阴穴放松，两膝里合，两大腿内侧肌有向后外翻之意。裆部如桥拱，总是半圆形，不能人字形。

24. 敞裆：裆开，膝不合。防治：两膝常常里扣。

25. 拔根：脚跟离地，气易上浮。防治：注意气沉丹田，五趾抓地，涌泉穴空，如树根扎地。"足稳则身不可摇"。发劲时，坚持左发右踏、右发左踏之原则，瞻前顾后。

26. 喝风：脚掌外缘离地。防治：同25。

27. 拧钻子：脚乱动，抓不住地，根基不牢。防治：同25。"拧钻子拔跟，传授不真"。

28. 低头：不懂"虚领顶劲"乃是太极拳之纲。"低头弯腰，传授不高"。"丢掉顶头悬，白练三十年"。防治：下颌里收，眼平视，头部端正，不可低头，歪头，晃头。

29. 仰额。防治：同28。

30. 晃脑，歪脖。防治：同28。

31. 眼呆：不知目之所向。防治：眼看对方，顾视左右。"眼不旁视，足证心不二用""百拳之法，眼为先锋"。意念一动，眼神先动。

32. 怒目：精神紧张。

33. 张口。

34. 吐舌。

35. 绷嘴。

36. 努嘴。

37. 皱眉。

38. 胸闷：气上浮，或闭口运气发劲。

39. 手颤：紧张或腰劲出不来而故意追求梢节弹抖劲。防治：注意起之于足，行之于腿，主宰于腰，行之于手。节节贯穿，从根到梢贯通一气。

40. 单摆浮搁：身法不正。

41. 前俯后仰。

42. 左右歪斜。

43. 忽高忽低。防治：升中有沉，沉中有升。

44. 双重：分不清虚实。

45. 断续：劲断，动作不连贯，不能一气呵成。防治：意断劲连，着着贯穿。

46. 凸凹：圈弧不圆。气势不饱满为凹，动作越出方圆为凸。

47. 缺陷：动作丢缺，缠丝劲丢缺，内劲丢缺。

48. 不到位：动作、内劲、眼神等等不到位。

49. 扛重心：倒换重心时，不懂裆走下弧，直线扛过来。

50. 神弛：精神不集中，心不静。

我们在此把练太极拳的过程中几点最常见、最容易犯的错再特别强调一下：

一是急于学多的动作，造成动作规格练得不扎实，不到位。动作做得不充分，劲力没展开，效果就不充分。克服这一点的关键在开始学习时不要急于追求动作的数量，要求质量，而且始终仅仅抓住规格这个要点，贯穿于练拳的全过程。

常见错误之二是练拳时心不静。太极拳是身心并练的运动,心静则气顺,前人在说及修养时有话叫"偷得浮生半日闲",我们在练拳时要偷得半小时闲,抛开一切杂念,专心练拳。太极拳区别于其他运动的特点之一是对性情、心境的陶冶。

第三个常见错误是套路不连贯。每个动作倒是做得不错,但动作与动作之间的连续性平滑不够。太极拳的套路是一个完整的整体,不是一个一个实体的连接,转折处处理不好,拳的韵味就出不来,你练得也就不舒服。所以要细心研究每个式子之间的连带关系,认真处理好过渡,这样太极拳就成了一个圆。

第四个常见错误是僵硬。有的人柔软性不够,练拳时硬来硬去,好像长拳慢练。要克服这一点,可以先练一两个单式,反复把太极的感觉练出来,再练其他动作。

第五个常见错误是"软",有的专家称之为"病态练拳"。太极拳柔和归柔和,但它毕竟是武术,是"柔中寓刚",人越练越精神,您越练越萎靡不振就不对了。所以练太极拳时尽管"静",尽管"松""柔",但"静中生动",松柔中含张力,精神饱满,精力充盈的,术语叫精神能"提得起"。

第六个常见错误就是交代不清。交代不清是练拳者对身

正确领悟太极拳要领就能取得良好的锻炼效果

体各部分的位置、路线不很明了。太极拳走的是圆形，动作在空间上没有像算术那样精确地以几度几度来定位，那样就死板了。但行拳的手、眼、身、法、步还是非常清晰的，你不能比划个大概。特别是学习初期，宁可失之板，不可失之乱。练的功夫深厚了，有的老拳师圈越练越小，重意不重形，那是高级境界的事。

三十六、风雨天能练太极拳吗？

练太极拳是一个养生活动，要避风避寒。拳谚中说："避风如避箭。"所以刮大风时不宜练习太极拳。因为练拳时全身内外放松，有时还会有一定程度的出汗，如果在风中，很容易受凉感冒。中医上叫做"外邪入中"。下雨天时，如果穿的衣服多一些，不至于受凉，而且不是在露天下受到雨淋，还是可以练习的。但不建议雷雨天练太极拳，有一定的危险性。过去流传一种说法，认为雷雨天练武术能提高功夫，这是没有科学根据的。

适宜的天气气候练拳效果更佳
（示范：刘玉兰）

太极密码

三十七、患了慢性病的人是否可以练习太极拳？

太极拳是优秀的健身方法
(示范：闫芳)

太极拳是一种非常柔和的运动，既有强身健身的效果，对于慢性病的恢复也有很好的辅助作用，可以逐步增强病人体质，所以中医学把太极拳纳入康复保健的体系之中，作为重要的理疗手段。现在中国很多疗养院、康复医院都引入了太极拳锻炼手段。但太极拳不能代替中西医治疗，慢性病应首先是在医生的正确护理下，进行科学的治疗。

慢性病人练习太极拳，要根据具体是何种慢性病来选择适当的太极拳种。一般慢性病患者应选择较舒缓、起伏小的拳种，如24式简化太极拳。还要根据具体的身体状况有针对性地练习。慢性病有很多种，不同类型的慢性病有不同的特点，某些特殊种类的慢性病恐怕就需要特殊的关照。比如下肢活动不便，当然就不能像平时练太极拳那样蹲得那么深，甚至还可以坐着只做上肢的练习，要因人而异。一般的慢性病，比如心脏方面的、呼吸方面的、神经方面的，在打太极拳的过程中没有什么需要特殊注意的，只要依照要领做就可以。其实现在有相当一部分打太极拳的人可能是慢性病患者，他们已经把太极拳作为一种治疗慢性病的手段，所以不是可以打不可以打的问题，而是如何打好的问题，讲究方法的问题。如果你的慢性病是下肢的关节炎，并且已经很厉害了，那么在做屈蹲、蹬腿的时候当然就要减低一点儿了，不要让它的负荷太重。慢性病如果仅仅依靠药物治疗，不是一个积极的方法，应该配合一些舒缓的运动，现在很多的医疗机构已经把太极拳作为一种慢性病康复的医疗手段，并且取得了很好的成效。

三十八、如何看太极拳辅导书和音像制品进行学习提高？

随着社会的发展，传统的太极拳功夫的传播方式也在发生着变化。从过去的深宅庭院走向今天的广大城市乡村，从过去的口传身授到现在的立体化、现代化的教学方式，太极拳也在"与时俱进"。进入21世纪，有关太极拳的图书、音像出版很多，看书、看碟成为许多人学习太极拳的重要方式。

首先，注意选择性。现在太极拳的书和录像、光盘由于品种繁多，那么选择比较权威、准确的来进行学习，是练好太极拳的重要前提。

第二，看书和音像资料自学时一个有效的方法，是注意把学习的动作名称要记住。这虽然是一个细节，但不要小看这一点，很多练了多年太极拳的人还不能把每个动作的名称说全，或不能完全把动作和名称对应上，这就妨碍了套路的连贯性。记住名称有助于记动作，有的人还在练习过程中把动作名称大声说出来，事实证明这是有助于学习的，特别是对于初学者更有意义。

第三，看书学习时要搞清动作的方向，每种书写作的方式、角度不一样，有时方向的阐

练太极要注重整体性 （示范：杨振国）

述文字不太一样，要注意体会，和书中示意图人物的动作方向的一致性要弄明白。开始练习时不要看一句学一动，而是先把整个动作的说明看一遍，了解整体动作的梗概，再一动一动学。对于每个拳式的方向性要特别关注，有一个检测方法，就是练一段后，对照一下书中的方向，应该自始至终都吻合。

第四，学动作要重视整体性。对一些关键的说明文字反复多看几遍，理解准确。对于难度较大的动作，开始可以分解来学，比如先练上肢动作，再练下肢动作，最后把它们整体协调一致来练。

第五，发挥录像的优势，反复观看。除了上述一些要点之外，还要注意反复多看，前几遍可以重点先看局部，再几遍看整个动作，再看动作之间的连接，再看整个套路的韵味。

三十九、什么是太极拳的内功？

(示范：冯志明)

站桩是练习太极拳内功的一种重要方式

中国武术的一个特点就是练内，拳谚说"内练一口气，外练筋骨皮"。有的人把太极拳和形意拳、八卦掌等分为内家拳，就是它们尤其注重练内。太极拳的内功就是它对于人体生命内在元素的锻炼方式。

从总体上来说，太极拳套路就是一套内功拳，因为它的要领处处都强调"内"的因素，如果你只重外形，那是"太极操"。

具体来说，太极拳有一些更为鲜明的"内功"要素，主要有几方面：

一是桩功，练太极拳要站桩，站桩的目的在于养气之用，"吾善养吾浩然之气"。以外静触发内动，站桩对练拳十分重要，"未曾打拳先站桩"，这是一个内功锻炼的必要程序。

二是行气法，在行拳中侧重导引行气，鼓荡全身。每一个动作不可随随便便一带而过，每一势有一势的行气路线和作用，一举动周身都要轻灵，就是脱离皮毛的束缚，以气运身。达到"气遍身躯不稍滞"的效果。

三是吐纳法，将呼吸和练拳相配合。

四是专门练内功套路。在一些传统和现代的套路中，还有拳家专门编定的以精气神为主要目的的套路。

五是静坐法。专门修养心性，体查内气，松体安神。静坐是中国传统内练的代表性练功方法，形式简单，内涵深刻，应该在老师的指导下练习。

太极拳的内功锻炼，最核心的是用练内的方式来练套路，在每个拳式中都体现出练内的要求。比如，每一式都有明确的意念活动方式，这些意念活动有的是固定的，比如技击方面的，有的是不确定的，是一种自然的意念假借，一种意境，这些在练习时都要搞明白，弄清楚。再有，就是每一式都有导引行气的作用，要明白它的原理、目的，以提高锻炼成效。

四十、以健身为目的练习太极拳套路时还要有技击意识吗？

太极拳是武术的一个拳种，技击是武术的本质，所以练太极拳就要具备技击意识，否则就丧失太极拳的最根本的属性。既然是武术，太极拳的动作、意识、结构都是围绕着技击来展开的，如果没有技击意识，你也不可能充分理解太极拳的精髓，体会不到它的精妙之处，达不到健身的效果。所以，即使仅仅为了健身，练太极拳也要每个动作都具有技击意识。

太极推手

[示范：李德印]

四十一、太极拳能自学吗？

过去说"太极十年不出门",表示太极拳很难练好。这一是说明其内涵丰富,再者过去由于条件所限,师傅也比较保守等原因所致。从现代社会的条件看,从健身的角度来说,太极拳是能够自学的,这是因为几个方面的原因:

一是太极拳已经是为大多数人所知的一种运动形态,大家对它多少有点了解,风格上有所熟悉。

二是有许多出版物可供参考,不仅有文字的,还有音像,另外还有很多途径能接触一些老师、同学进行交流、请教。只要自己用心,太极拳是可以自学的。

第三,每个地方,在我们周围,都有许多练习太极拳的人,三人行,必有我师,在自学中可以与许多人进行交流、探讨,不断提高。

但自学中还是要注意一些方法。首先,不要急于马上比划动作,先看一看别人练习,揣摩一番,不管你是上公园去看,还是在家里看录像,看光盘,先得"整体",再划"局部"。再者,就是要学会看书,要先弄明白一些专有词语的含义,以及太极拳动作解说文字的规律,熟悉一些说法,便于准确理解图书中传递的要领。第三,初学动作时,可以先分解学会,再整个合成。在学动作中有两点特别重要,一点是

太极密码

刚开始时进度一定要慢，仔细琢磨，学习几个动作后，会越来越快，越好掌握，把开始的"模子"打好。第二点，就是每个动作的变化中一定要把方向搞清楚。自学时有条件最好是一遍一遍看老师、特别是名家明师的示范录影，过去说"拳打千遍，其义自现"，拳要看千遍，其法也能明。

四十二、能同时练两种或多种太极拳式子吗？

太极拳既然分为不同的流派，肯定在风格上有所区别，但同为太极拳一个拳种，在锻炼方式、方法上有很大的共性。

在传统教学中，许多老师是坚决反对同时练两种以上的太极拳的，认为这样容易把不同流派的太极拳风格搞混。对于初学者，是应该坚持要先练好一种太极拳，如果对其他流派风格太极拳有兴趣，在练好

李经梧陈式太极拳势

一种式子太极拳的基础上，适当地对其他流派的太极拳加以了解、相互印证是可以的，甚至其他拳种的武术也都可以练一练，体验一下。

过去老武术家中不乏这样的成功例证，有的拳家从不同的拳法中还悟到很多新东西。如太极名家李经梧就兼练陈式、吴式太极拳，并从中悟出自己独特的东西。

但要注意，在初学时不应这样做，最好集中精神先练好一种式子，否则练成四不像就不对了。

认真观摩名家明师示范是学习太极拳的重要方法

(示范：田秋信)

四十三、以前练过别的拳种，练太极拳有什么要注意的吗？

首先要找出太极拳和你以前所练拳种的不同点在什么地方，一定要找到不同之后再下手练太极拳，否则就容易自然地将过去练的拳的感觉带到太极拳中。找到不同点了，特别是最主要的不同点，你就会有意识地避免、区别。

在学习太极拳的开始相当一段时间内，先不要同时再练你以前学过的拳种，否则就会把太极拳往以前学的拳种上"带"。中国武术中，每个拳种之间"劲"的区别是一个很主要的分水岭，所以要特别在太极拳劲力上下工夫。体验套路的动作外形好区别，只要把"劲"搞清楚，其他就好办一些了。

练过别的拳种，开始练太极拳时，最重要的是多在"松"上下工夫。从松柔入手是一个根本性的改变，得松柔者得太极。抓住了这个转折变化，就能抓住主要矛盾。

> 太极密码

四十四、什么是简化太极拳？它和传统太极拳的关系是怎样的？

简化太极拳是为了推广的方便，为了让更多的人更方便地学习太极拳而对传统太极拳进行的改造，是建立在传统太极拳的基础之上的。所以，传统太极拳的精髓不能丢，式子简化，要领不能简化，动作可以减少，但每个动作内部的结构不能破坏，要保持完整性。简化太极拳相对传统太极拳而言，只是"量"的变化，没有"质"的变化，练习时要求上更不能"偷工减料"。现在有很多太极拳流派为适应社会的发展需要都有了简化套路，最著名、最成功的就是"24式简化太极拳"。

世界太极拳冠军邱慧芳演示简化太极拳

24式太极拳是20世纪50年代由国家体委组织武术专家编定的一套主要用于推广的太极拳套路，很多人入门练习选学的主要套路。它以传统杨式太极拳为主要基础，提取了一些典型动作组合而成。由于它包含了太极拳的基本技术、方法，简单易学、易记，受到群众广泛欢迎，是当今世界上流传最广的太极拳套路。

四十五、太极拳健身需要把拳架子练得很好看吗？

首先我们要认识一个前提，即太极拳是美的。

不同的人练太极拳姿势不一样。有的人练的看上去很优美，有的人练的就觉得不自然。其实这不仅是个美观的问题，太极拳本身是具有美感的，有的外国艺术家把它称为"东方的芭蕾"。太极拳是结合人体的特点，它的美是多角度的，有精神上的美、有造型上的美、有节奏上的美等等，在套路编排上就有对称之美、平衡之美。在招式上有许多仿生动作，加以改造后的动物运动形态模仿，有自然之美。还有一种特别的意境之美。太极拳练对了，优美的形态基本就具备

吴鉴泉太极拳势
内涵丰富，架式优美

了，自然就美，肯定美，不用刻意去求架子的美观。但还有个神韵问题，每种太极拳流派的风格不一样，"风格即美"，把风格练出来，就有韵味了。因为每种太极拳在形成过程中，动作及要领都是千锤百炼的，都是以形神兼备为要则。把太极拳的神采练出来就好看，自己有精神上的享受，别人看起来有内在的美。传统太极拳论是阐述要领的，如果注意体会，很多也涉及到美学概念，落实要领就是实现美感，所以也要

注意实践拳论中的境界。每种艺术形式表现的美都不一样，如果你为了追求舞蹈的美，把太极拳的动作改成了舞蹈，那就不对味了。所以只需要按照太极拳健身要领去练习，拳架子自然美观。当然，在练习熟练之后，有意识在演练，特别是在表演之时加进去一些表现化的因素也是可以的。

我们要避免两种偏颇的倾向，一种是单纯追求形式美，而损害太极拳的内在要领。另一种是否定太极拳的美，认为真功夫就是难看的架子，这也是不对的。我们观摩许多前辈大家，他们的太极拳动作就是既有内含又身具美感的。

四十六、每次练完太极拳觉得较为疲劳对吗？

(示范：李德印)
太极拳虽柔和但精神饱满

太极拳虽然"柔和"，但不软，更不萎靡。练习时虽然缓慢，但精神饱满。练习完毕，有一定的体力消耗，

神气应愈发清爽。如果练完感觉疲劳，你要看是因为正常的体力性消耗原因，还是精神疲劳。如果是前者，就是正常的，休息一段时间自然就好，而且体力尤胜从前。如果是后者就不太对了，就需要找原因了。即使是体力性疲劳，如果是经常性的，每次都这样，也是不正常的。

练太极拳形成不正常疲劳的原因是由于在练习中消耗神气造成的，这主要来源于两方面，一是身体姿势不正确，造成形体紧张，再者就是精神状态不放松，总是提着气，不能沉下去，练习时间越长，就越感到疲劳。

（示范：世界冠军崔文娟）

低架练拳

四十七、练太极拳架势高些好还是低些好？

太极拳架式高低没有绝对标准，总的来说有两点：一是因人而异，一是因拳而异。

因人就是看练拳者的目的，身体状况。如果练拳是以技击为主要目的，架式就要多练低些的，增强劲力，强化劲力运用。如果以健身为主要目的，架式可高可低。年龄大的人、体质较弱的，可以稍高一点。年轻一些、体力好些的人可以低些。低的架子运动量会大一些，体力消耗也大些。

因拳而异，就是要看拳法套路的要求。有的太极拳套路要求上就不能太低，有的则必须低些才能达到要求。练哪一式的太极拳必须要服从要求。在一些太极拳流派中，还传承有很低架势的套路，有的人甚至用"在八仙桌下练拳"来形容这种套路。

四十八、练太极拳出汗好还是不出汗好？

不能以是否出汗来衡量太极拳的锻炼效果。练太极拳是否出汗和你练习时的运动量有关，与你练拳的时间长短、练习时架子的高低、练习过程中的节奏安排等都有关系。一般来说，练太极拳不提倡大量出汗，如果要领正确，练完后应该是身体微微发热，有通透的感觉。

有一点要特别注意，练太极拳时如果出汗，要注意防风。

太极密码

四十九、竞赛太极拳套路健身效果如何？
它和传统太极拳有何区别？

大家通常所说的"竞赛太极拳"是指国家体育部门编定、指定的太极拳竞赛套路和自选创编套路。它同样具有健身效果。不应把它和传统太极拳对立起来。因为竞赛太极拳规定套路的编定是为了现代体育竞技的需要，为了竞赛的规范性，适当采取一定的形式，它的根源还是传统太极拳，在编定的过程中也是邀请了许多传统太极拳家共同参与编创的。传统太极拳中的精华的、具有代表性的动作都吸收到了竞赛套路中，它在理论上、在要领上和传统太极拳套路要求是一致的，只是在动作要求上具有一定的难度。在传统太极拳套路中，一般都有八十多个以上的动作，

（示范：邱慧芳）
四十二式太极拳竞赛套路

太极拳新编自选套路
(示范：崔文娟)

而竞赛太极拳套路则进行了简化，也分有陈、杨、吴、孙等式，所以有的太极拳爱好者即使不参加比赛，也喜欢练一练竞赛套路，比较简便，同样起到很好的锻炼效果。

　　太极拳竞赛是太极拳发展的一种重要形式。太极拳过去一直在民间流传，后来在社会上成立了一些太极拳社等组织，也在社会上传授。新中国成立后，国家体育部门对太极拳等武术拳种进行了挖掘、改造，并逐渐将其列为体育比赛项目，对推动太极拳的发展起到积极作用。太极拳的比赛也是逐步规范起来的，并且不断革新变化，开始时的竞赛套路都是自选，后来有了统一的规定套路。太极拳比赛一般有规定的时间，要在一定的时间内完成全部套路。比赛采用１０分制的打分办法，根据动作规格、劲力与协调、精神与气韵等因素打分。随着各种太极拳竞赛活动的发展，后来又允许在太极拳比赛中采用新编的自选套路。太极拳的比赛还分为拳术和器械进行，现在在一些社会化的太极拳活动中还有集体太极拳比赛。

五十、什么是太极拳的"十要"？

太极拳的"十要"是著名太极拳家杨澄甫提出来的，概括了太极拳的十项基本要求，并加以解说，是练习太极拳，特别是杨式太极拳的重要指导性原则。"十要"分别是：虚灵顶劲、含胸拔背、松腰、分虚实、沉肩坠肘、用意不用力、上下相随、内外相合、相连不断、动中求静。

在其他流派的太极拳中，虽然有些说法不完全一致，但上述十要的内容基本都贯穿在太极拳的练习始终。

杨澄甫太极拳势

太极密码

五十一、为什么说太极拳能健身？

太极拳之所以广泛流传，最重要的原因就是它具有良好的健身作用。这不仅为广大群众的实践所证明，也符合健身的科学原理。多年来很多体育工作者、医学家、科学家进行了大量研究，从传统的养生、中医学和现代医学等方面都论证了太极拳健身的科学性。其中一些主要原理有：

1. 精神的颐养作用。对人的情志、心理有良好的调和作用。太极拳练习时要求心平气和，不急不躁，这使得人能够在一个良好的生命状态中把握自身的运动规律。太极拳练习要求松、静、空、灵，能够陶冶人超然脱俗的心境。中医学研究表明，人的心志平和，内耗就减少，有助于生命的健康长寿。反其道而行者往往问题较多。因为多欲之人必多求，多求之人必贪饮、贪食、多忧、多虑、多思、多恼、多惊、多恐，凡欲有多必伤。中医认为，哀伤神、怒伤肝、忧伤肺、思伤脾、虑伤心、恐伤肾、食多伤胃，各种欲望久而不节者不击自毙。太极拳的锻炼过程就是调节心性的过程。行功走架时，身心各部讲究松、静、空、灵，举手投足、身形变换贵在顺其自然，故而进退往来状若行云流水，身心俱佳。

2. 呼吸方式科学。太极拳的首要呼吸原则是自然，它强调在平和的状态下进行有节律的呼吸，这样就调整、纠正了日常一些憋气、努气的不良呼吸方式。人每时每刻都在进行呼吸活动，如果养成良好的呼吸方法对健康具有重要意义。太极拳练习还有一种"腹式呼吸"，要求气下沉，这样气息就稳定。另一种呼吸方式是意念引导的周身运行，呼吸配合意念，如吸气时内气沿脊椎督脉上行，呼气时内气沿前胸任脉下沉，

小腹则是吸凹呼凸。这种呼吸锻炼扩大了肺活量。科学实验表明，肺活量的大小与力量的大小及生命长短成正比。诸如，人体处于睡眠状态，呼吸深、细、匀、长的必是强健者，而呼吸短促无力或长、短不匀者，非病即弱无疑。呼吸波的长短、粗细是一个人体质强弱的标志。所以说，太极拳健身在呼吸上很是注重。

太极有颐养精神作用
(示范：孙永田)

3. 促进气血运转。太极拳练习能够促进血液循环，太极拳锻炼要气达梢节。人体从外形的四肢八节、筋骨皮到内在的五脏六腑、精气神，都离不开血液的滋补润泽。良好的血液循环、充盈的血液供给，既是人体各部功能正常运行的基本保障，也是决定人体生命长短的根本条件。太极拳行功走架，竖项贯顶，虚领顶劲，气沉丹田，以意导气，以气运身，内气上至百会、下通涌泉、达于四梢，促进了血液循环，还疏通了经络，加快了循环频率，大动脉畅通无阻，毛细血管经久不衰，四肢百骸肌肤延缓了老化。长期坚持太极拳锻炼，则气血饱满，健康长寿。

4. 促进新陈代谢，使汗腺通畅。医学研究表明，人体新陈代谢所产生的废物，除通过眼、耳、鼻、口七窍和谷道排泄外，机体内分泌主要靠汗腺外排。除此，汗毛与汗毛孔尚具有保温、散热的自然调节功能。因此，中医有"汗腺通则百病不侵，汗腺堵则乱病缠身"一说。太极拳的锻炼，讲究开合导引，动作弧形，多屈伸纵放，能够有效地导引肌肤的膨缩和毛孔的张闭，较好地保持了肌肤的纯洁性和通透性。内分泌渠道畅通，病毒垃圾不易滞留，故而小病不生、大病不长。

5. 运动适度，保持了人体能的中和态。太极拳锻炼，不过激，讲适度。适度的锻炼才是健康之道。适度的一个具体表现就是动静结合。如果单纯的动，特别是超负荷的剧烈运动，会使机体疲化早衰；而单纯的静，往往消化不良，食欲不振，四肢乏力，精神萎靡，病气易侵。太极拳以动态的行拳，又强调放松入静，这种独特运动方式，对保持人体机能的中和平衡态最为适宜，故而久练可使人延年。

6. 整体协调发展。太极拳锻炼强化了对称运动，弥补了人体机能后天不足。人们在日常生活、工作中，有意或无意地形成了诸多习惯定势。这些习惯定势一方面提高了动作效率，一方面也酿成了人体运动的缺陷，许多看似习惯的动作，多属单向偏颇运动。这种外形的单向运动，天长日久，使大脑中枢神经减弱了逆向调节功能，由此势必导致人体内部机能的左右失衡。右强则左弱，左强则右弱，强者易瘦，弱者易病。太极拳的动作及套路构造，十分讲究对称，每个单式的行功，外形有对称，内含意念也有对称，拳谱讲"有上即有下""有左必有右"，招式左右互换、身形上下互补、形成内外如一的对称运动。抽招换式强调欲左先右、欲上先下；发力时，讲求前吐后撑、上枯下踩。周身上下对立统一、浑然一体，从而有效强化大脑的逆向调节功能，保持人体运动的整体协调与平衡发展，克服单向运动致病的缺陷。

7. 柔和运动，延缓老化。无论是从自然界的动、植物看，

动静结合的养生之道
(示范：周梦华)

太极拳健身效果已为
实践和科学研究所证明

还是从人类自身的生态发展过程看，凡是生命力旺盛者，其肢体或肢干都具有良好的柔韧性；凡是行将死亡的有机体，都会变得僵硬、枯萎。就人体而言，老年人骨质疏松发脆、关节旋转不灵、韧带松弛、血管干瘪等，无不是失去柔韧性的结果。欲使人体康壮不衰，就必须使周身筋骨皮保持良好的弹性。太极拳行功走架，旋指、旋腕、旋膀、旋腰，撑裆开胯，抻筋拔骨，缠绕拧翻，所有招式动作，无不在划弧走圆中完成。这种螺旋运动的内含，其实就在于强化周身筋、骨、皮及其内脏各部器官的弹性，从而延长寿命。

8. 锻炼神经系统。太极拳讲究"用意不用力"，有效提高了神经系统的敏感度。人体衰老，最先发于神经系统的萎缩和衰竭。人体的所有功能都源于十余万条神经的作用。任何一条神经的萎缩，都将直接导致人体某一器官功能的下降。太极拳的重要特点就是练意，重意不重形、以意念支配形体的运动。太极拳行功走架，全神贯注，以意导气，所有外形变化，一招一式无不讲求意在身先，意不动身不动，意动身随，意静形止。这种锻炼方式延缓了神经的老化，增强了生命活力。

太极密码

五十二、如何教好太极拳？

在太极拳的普及中，师资力量是一个很大的因素。经常会有很多人反映，想学太极拳找不到好的老师。一个优秀的太极拳教师必须具备一系列良好素质，其中包括掌握精确的太极拳技术，因为你要教人，自己练不好肯定不行，你的示范动作有毛病，就耽误了一批人。还要对太极拳的理论有很通透的理解，不明理你讲不清楚，过去说"会练的是笨把式，会说的是巧把式"，又会练又会说就是好把式了。还要有耐心，有服务的赤诚之心，否则你不耐烦给人讲，或者讲得粗枝大叶，也不行。另外就要注意一些教法了，教法正确学员学习的效果就会好。有的专家根据实践总结了太极拳的若干种有效教学方法：

1. 先"根"后"梢"法。拳理认为："太极拳，其根在脚，发于腿，主宰于腰而形于手指。"实践证明，脚步掌握得正确与否是学好太极拳的关键。因此将示范与讲解的重点首先放在脚上。

太极拳的步型、手法不是很多，又经常重复出现，容易

教练太极拳场景
(示范：赵幼斌)

巩固。先掌握了步型步法，再比划手，再要求手、眼配合，效果就比较理想。

2. 完整——分解——再完整。教师熟练、优美、正确的示范，能引起学生学习的兴趣和对美的追求。为了使学生正确掌握动作要领，必须重视动作的分解。要一个动作一个动作地学，一个动作不会，不要急于教下一个动作。要反复体味，才能消化和理解动作。在此基础上，再进一步把这一个一个分解动作完整地串联起来。

3. 形象讲解。动作与名称是有寓义的。比如"白鹤亮翅"就是白色的仙鹤展翅欲飞之势；"云手"，手的运行如浮云飘动，和缓而宁静；又如"高探马"，就是攻击面部的一种技法；"搬拦捶"，搬拦是防守动作，捶是还击动作，合在一起就是防守还击法。这样讲解，学生就易于理解其内容，又便于记忆。

4. 重复法。重复练习是建立正确动力定型的重要方法。重复不仅可加强记忆，也能促进学练的乐趣，还可能变为学练的自觉性。所以，整个教学中都要强调重复练习。重复练习时，可以是集体的、个人的，也可以是分段的或单个的。

5. 互教法。带着教别人的任务去学习，教学的态度和质量都会收到良好的效果，让学员们互教互学，教学相长。实践证明，互教的方法不仅可带动其他同伴来学练太极拳，对提高自己的水平也有帮助。

6. 想练结合法。太极拳讲究呼吸自然、用意识引导动作，是"大脑支配下的意气运动"。要求心指挥形，而形又要表现出心的意境，从而起到"身心合一，内外兼修"的作用。运用想练结合的方法，就是让学生聚精会神地看老师演练，然后闭目把老师的演练认真想一遍。接着，自己用意识思维按老师的要求一招一式地练拳，然后再睁开眼睛实践练习。这种用"思维"学练拳术的方法，是一种很好的训练方法。

太极密码

（示范：傅声远）

排除杂念才能实现内练效果

五十三、练习太极拳如何排除杂念？

排除杂念是很多初学者要面对的问题，很多人练拳时杂念丛生。排除不了杂念就不能有效地运用意识，起不到"用意不用力"的作用。排除杂念开始可以运用以下几种方法：

1. 关注动作。把思想意识集中到拳式动作上来，手脚如何运行，方向怎么变化，多想动作，特别是一些新学的动作容易集中注意力。

2. 注意呼吸。把意识注意到呼吸上，有的人甚至采取数呼吸的办法。随着呼吸的逐渐平和，意识也逐渐平静下来。

3. 清除干扰因素。练拳前把牵涉注意力较大的事情如工作安排等处理好，或者在内心上处理好，有一个条理，避免练拳过程中时时牵挂。

4. 进行一些针对性专门训练。如站桩、静坐等，培养集中注意力的习惯。

练拳时排除了杂念才能提供一个干净的心理环境，能够在轻松愉快的状态中锻炼，实现"内练"的目的。但要注意，排除杂念不可用意过重，否则为排除杂念而生出新的"杂念"就适得其反了。

五十四、什么是气沉丹田？

丹田是中国传统养生学的术语，很多太极拳理论著作中加以借用，在传统拳论中也多有涉及。丹田分三种，分别为上、中、下三丹田，在不同的位置。通常认为：上丹田在头上眉心之间，中丹田在胸部中间，下丹田在肚脐下。上、中、下三丹田是相互作用的，太极拳论中都分别有涉及，一般所说的气沉丹田指的是下丹田。

气沉丹田在太极拳理论中说得比较多，要准确理解。气沉丹田是一个自然的过程，不可刻意追求，否则容易出问题。怎么达到？最简单的一个办法，就是依照要领把动作做准确，身体中正、全身放松，用意念稍稍引导一下，将气沉入腹部即可。随着功夫的提高，可逐渐加入配合呼吸等因素。气沉丹田的关键在意念引导，所以心要静，心不静难以达到效果。此外，外形动作要准确，外形不对，没法做到气沉丹田，还容易憋气。

也有一些太极拳家认为，气沉丹田不应该刻意强调，过分要求气沉丹田容易形成气滞，不能够达到"周身轻灵"。

（示范：李龙骏）气沉丹田

五十五、什么是丹田内转?

丹田内转是一些太极拳练习中的要求。是以丹田为核心,内气鼓荡旋转,带动肢体运转,协调全身,使运动由内及外,既灵活了四肢,又按摩了内脏,畅通血脉。在健身上增强消化系统的吸收和排泄功能,对消化系统有明显的防治效果,特别是对腹胀、便泌、肠粘连等更有独特疗效。丹田内转也是练整体劲的捷径,即学太极拳架式时,要以丹田转动为基点,带动腰转、胯转、身转、手和脚转,使手眼身法步协调平衡,虚实分明,连贯圆活,刚柔相济,劲力完整,这样拳艺才有登堂入室的可能。

丹田内转(示范:冯志强)

丹田内转的练习,主要目的是使得内气鼓荡,充盈全身,但又沉着充实,不虚浮,不躁动。丹田内转的练习是行拳的一种整体性锻炼,不能只是局部的动。另外,要特别体验这个"内"字,不要转了外面的形,内里没有效果。

五十六、如何理解太极拳的"空"？

太极拳的"空"指的是一种境界，是松柔到极致后的一种状态，这时身体没有任何紧张点，没有拙力，不留力，不耗力，内气流行无碍，意念不僵不滞。因此"空"是很多练拳人追求的一种目标。它不是一种"虚无"，正确理解"空"，是实现"空"的目标的前提。

在传统太极拳论中有一首《授密歌》是论述"空"比较透彻的文献。要理解"空"可以认真地研读一下这篇拳论，会大有益处。

《授密歌》相传为唐代李道子所传，全文为："无形无象，全身透空。应物自然，西山悬磬。虎吼猿鸣，泉清水静。翻江搅海，尽性立命。"它强调了"空"应该是一种自然状态，是超越形式之上的感觉，它是整体性的空，不是局部的，空的意义不是虚无的没有，而是充实的"清""静"，达到了"空"就去除了身体内外的很多消耗性的、不干净的因素，节约了生命能量，是"尽性立命"的主旨。

（示范：祝大彤）
空是一种境界

处理好动静关系太极拳才有内涵
(示范：田秋信)

五十七、如何处理好太极拳的动与静的关系？

太极拳整套拳都要处理好动静关系，每一式子也有动静问题。理解了动静，处理好动静，拳就练得有内涵。

太极拳的"静"一是心静，平和，这是太极拳静的本质，没有这个静，就没有登堂入室。

另一个就是"拳静"，拳静不是不动，是要匀，要圆。不圆见棱见角就不静。

太极拳的动，是一种"势"，是指肢体的运动的趋势的动态变化。太极拳的动静关系是"动中求静，静中寓动"。动是绝对的，在动中要体会出平衡感，就是静。所以每一动就要合乎规律，一出手就有法度，不随意动，可以说"静是一种有规律的动"。要做到此，必须将意念贯注于动作之中，最后忘了自我，忘了动作，自然而然，神舒体安，这就是"静"的大境界了，也是养生的大境界。

世界冠军孔祥东演示太极剑

五十八、如何练好太极剑？

太极剑是太极拳的典型器械。练好剑，应该是在练好拳的基础上。最好是要先学习一段时间的太极拳，然后再学习太极剑。此外注意以下几点：

1. 熟练掌握基本剑法。剑法是剑的基本运用方法，是剑术套路的基本元素，一些剑的基本功要先练好，单独提出来练，之后才能在套路中串起来。剑论说"剑是手臂的延长"，怎么延长的，什么感觉？要达到像运用手臂一样运用剑，就自如了。

2. 要分析区别剑术动作和太极拳动作的异同。同在哪里？动作外形如何相似，内劲如何相似，搞清楚。不同在哪里？力点、转换方式？不要练得拳、剑不分。

3. 对步法尤其注意。太极剑因为多了器械，运动空间加大，手上有剑，容易集中意识，脚下的难

太极剑是典型的太极器械
(示范：张勇涛)

度加大，所以对步法的变换要很清楚，路线要清，迈步的角度、方式更要清楚。

4. 注意连贯、紧凑。剑身一长，练习容易散乱，开出去相对容易一些，收回来章法要严谨、从容。要保持圆弧运转，不可直来直去。

5. 身剑合一。练习时把剑当做自己身体的一部分，不能当成负担。意念要贯注于剑上。剑随人走，人随剑行。

五十九、太极拳如何练气？

武术中讲"内练一口气，外练筋骨皮"，怎么练？首先要正确认识"气"。气最初是中国哲学里的一个概念，内涵很丰富，很复杂，后来在中医里被广泛应用。其实不仅在中医里，在中国古代文化、科学的很多领域都使用这个概念。在养生方面，"气"更是一个核心的概念，在《黄帝内经》等书中已大量在用。比如《黄帝内经》中说"正气存内，邪不可干"；《老子》中也讲"专气致柔"；《庄子》也强调"一其性，养其气，合其德"。武术拳论中关于"气"的解说比比皆是。要练好太极拳的气，就要对它有个全面、客观的了解。

太极拳练气有动练和静练两种方式。静练就是通过静坐、站桩来练习，是静以致动，这里静指形体，动指内气。所以练太极拳一定要结合练静功。可以先练静功再练拳，也可以在练拳过程中结合练静功，如每次练套路前先练静功，或者练完套路后练一段时间的静功。动练就是结合套路练气。这方面重点注意两点：一是每个式子要了解它对内气导引的作用，这就要深入理解每式的要领。二是仔细体会每式身体的气感变化。练拳到一定程度，每一动都是有气感的。

对"气"的理解不要玄虚化，它不是不可琢磨的东西。从太极拳养生的角度看，结合太极拳论中的分析，气主要是指这么几个含义：一是指呼吸之气，通过呼吸把体内"废气"排除，吸进氧气。所

太极拳练气
(示范：李经梧)

以在练太极拳时，要注意呼吸的要领，保持自然、流畅、悠长、细匀的呼吸方式，并不断结合动作的提高进行调整。二是指人体内部系统之间的一种联系。这种联系的良好状态就是"和谐"，所以练太极拳要注意身体各部分动作之间的和谐，眼神、体态之间的和谐，开合、起落动静之间的和谐等。做到和谐的核心点是什么？就是要"全神贯注"。轻松地"全神贯注"，不是努劲的那种，那样就紧了，僵了。应是太极拳的"用意"。三是指与经络相关的一种功能，太极拳的导引动作就与之相关联。所以在练太极拳动作时，最好能充分发挥姿势的导引作用，所谓"导引行气"。动作要做到位，不要随随便便，起承转合意到形到，交代清楚。体会、把握了这几方面，太极拳"练气"的功夫就做到家了。

太极密码

六十、太极拳和导引是什么关系？

导引是中国古代养生术的一种，它最早的形态起源于战国以前。后来发展成多种分支。

太极拳就是一种导引。导引有几个要素，要有丰富的动作变化，引气运行；要配合呼吸，有时配合得很紧密；有象形成分，叫做"熊经鸟申"；要结合意念，还要动静相结合。这些特点太极拳都具备了。后来的太极拳套路发展变化中，甚至有意识引入了一些没有直

太极拳也是一种导引术
示范：李斌

接技击作用的导引动作，来丰富套路。所以从纯养生的角度，你也可以把太极拳套路作为一高级的导引健身术来练，强化、突出它的导引效果，甚至结合自己的身体情况，针对某一脏腑、系统进行锻炼。

太极拳家陈鑫在其拳论中就阐述了导引在太极拳中的作用："人能明任督以运气保身，行导引之术，以为之根本。任督犹车轮，四肢若山石。无念之发，天机自动。每打一势，轻轻运行，默默停止，惟以意思运行，则水火自然混融。"

太极拳也是导引、行气的功夫。在传统内功养生中，有行"周天"之说，"大周天"行气路线遍布全身，"小周天"为练任督二脉。太极拳中不完全刻意要求意念引导内气运行周天，但一些拳论认为，长期坚持太极拳锻炼，自然能使气行周天。太极拳的很多动作本身就是导引，有导气的效果。

六十一、"太极拳式"和"太极拳势"有区别吗？

现在太极拳的一些书在讲解太极拳动作时，用"太极拳式"这个词，另外一些书则用"太极拳势"，有时两者混用。实际上两者是有区别的。

"太极拳式"是指太极拳动作的规格，外形样式，比如手到哪里，脚到哪里，身体方位等。"太极拳势"则是指拳路的变化态势、趋势，更多的是指动态的变化感觉。"式"是一种固定的概念，"势"是一种变化的概念。初学时重"式"，"式"准确后要重"势"，在"式"中要寓"势"，在"势"中要含"式"。大家在看书学习时应加以鉴别。

太极拳势
(示范：田秋茂)

六十二、什么是太极拳养生的"四功"？

传统太极拳论中对太极拳的练法涉及到"内"的，与养生密切相关的技术要领总结有"四功"。这四功讲的都是内练的方法，太极拳研习者应对其仔细领会，这对于提高太极拳

太极密码

拳由心生，流畅无碍　　　　　　（示范：陈正雷）

技击、健身效果大有益处。

一是"发之于心"：拳由心生，一切动作都源于心，心要"静"，由"静"生"动"，是自然的动。心如果不静，意就不专，乱七八糟，动作效果就打折扣。太极拳是心象的外化，拳法与人的修行共同提高。练到一定层次，拳如其人，人也从练拳中获得心性的提高。

二是"达之于神"：练的效果是鼓荡起神气，神气充足，精神一充足，人体就圆活自然了，就像皮球，运转起来阻力就小。在拳论中说就是"精神能提得起，则无迟重之虑"，内固了精神，才能外示安逸。随着练拳的深入，精神也愈加饱满，境界也愈加高远。

三是"行之于意"：意无涯，只有拳意相通，才能做到无障碍穿行在自由空间中，练拳成了一种翱翔。怎么做到流畅地运行？是运意，你感觉不到动作的阻力，用意不用力。用意导气，意气相生，动作相随，动作是辅助的作用。

四是"想之于念"：念的是什么？是要领，每招每式符合规律，不能有散漫懈怠。随时检查内外要领是否走样了，随时调整。不动则已，动即是法。到了高级境界，法就是自然了。

四功是一体的，互相符合。练习时间长了就形成定势了。

六十三、如何做好太极拳起势？

练太极拳起势很重要，起势奠定一个基调。起势如果进入了一个比较好的状态，将这种状态连贯地保持下去，整套拳就练得顺畅。反之，如果起势没做好，练起来就别扭。所以，开始练的时候，宁可慢一点，把起势的状态调整好。一上手，要领就要对。

练起势的时候，先把身形端正，静立的时候把上下内外都检查一遍，周身要松畅，用意念过一遍，哪里不对，调整一下哪里，练习时间长了，哪里不对就会不舒服，不把全身调好就不动。所以初学时在起势的时候站得久一点没关系。

还有就是起势的时候要入静，把心境调整好，排除一切杂念，心境一好，下面的练习就是自然的流动，不是"强扭的瓜"，而是顺乎了自然之道，越练觉得越舒服。入静后，把意念与动作还要合上，使意形合一。

起势时还要注意把气理顺，气沉丹田，呼吸调好，重心把握住，稳定正直。

所以起势就是建立好练拳的和谐模式、规范，把练拳纳入一个平衡的、合于规矩的轨道。起势做好了就起到事半功倍的效果。

太极拳起势是建立全套拳架的和谐模式
(示范：李德印)

六十四、怎样做好太极拳收势？

有的人练太极拳起势的时候还很认真，准备时间比较充分，但对收势马马虎虎，这是不对的。

太极拳收势是对全套拳法效果的一个总结（示范：翁福麒）

做好收势有几方面作用：

一是稳定，一般收势前后一系列动作都是沉气，使气息逐渐平稳。使得长时间练拳的运动感逐渐恢复常态。

二是呼应，收势与起势相呼应，使整个拳术套路有一个完整性，对身体各部分的锻炼均衡。

三是让意念逐渐从动作引导中回复过来。练拳有特殊的意念活动，这是一种精神的"兴奋"状态，练拳结束，让这种意念活动逐渐平和下来。

四是使呼吸轻柔。练拳时，结合拳式的呼吸会比平常有所不同，频率、深度都有变化，通过收势做好转换。

做好收势应注意：第一，收势动作要慢，要稳，把动作做到位，不要匆忙结束。第二，意念上不要一下从拳套中逃出来，要和动作相一致，把气归于丹田。第三，动作完成不要马上走动，再静立几秒钟甚至更长，让身体站舒服了。第四，拳套动作结束后，再做一些整理动作，如拍打全身、散步走动等。

收势是太极拳乐曲的最后一个音符，要让整首曲子和谐圆满，就要收好最后一下。

六十五、开始练太极拳感到有些憋气是怎么回事？

这是一些人练拳时会遇到的问题。关键在于没有调整好呼吸。

开始由于动作还不熟练，每个动作过程拉得比较长，而精神又都集中在怎么做动作上，一呼一吸的一个呼吸过程不能跟随完成一个动作，呼吸还没有跟动作脱开，于是感觉呼吸比较紧，就有些憋。解决的办法是，把呼吸和动作脱开，就是通常说的用自然呼吸，动作是动作，呼吸是呼吸，不管动作做得长短如何，呼吸依照你比较舒服的节奏自然进行。还有一个办法就是，把一个动作分成一个小段，每一小段结合一个呼吸周期，这样一个动作就可以完成几个呼吸过程了。但无论如何，不能"抢"呼吸，不能急促呼吸，也不能把动作停一下、"断"一下来呼吸。否则就是"旧病"未去，"新病"又生。

另外，随着动作练习的熟练，这种情况也自然就逐步改善了。

六十六、什么是"六合"？

"六合"是太极拳养生中的基本要求，是内外完整一气的整体感。无论是运动还是静止，这些相合的地方都应经常保持成一种常态。

　　许多人开始练习时觉得同时要做到"六合"难度很大，手脚忙乱，顾上顾不得下，甚至手足无措，产生畏难思想。其实，六合的要求是逐步达到的，不要希望一下子就完全实现。另外，对六合要深入理解，它的实质就是身体内外的整体性要求，外形不散、不僵、内气不乱、不溢，内外完整如一。有时你把每一式的要领做对了，自然就达到六合的要求了。外三合就是周身相合，内三合就是意气浑元。

　　"六合"是中国武术内家拳的共同要领，形意拳、八卦掌也有这样的要求。

（示范：王海洲）

太极拳势六合

形神兼备太极拳才有韵味
(示范：李雅轩)

六十七、练太极拳如何做到形神兼备？

练拳如果具有了形神兼备，越练精神会越加抖擞，心情舒畅，神清气爽。做到形神兼备首先要形准，不准就不会有神，动作不准，练习时间越长会越别扭。其次要配合意念，没有意念加入就是空壳，动作对了只能是有"量"，没有"质"。第三，要多看一些名家的演练，要"临摹"，看人家是如何具备神采的。也可以多看一些名家的拳照，从中体会他们的神、意、气。过去戏曲大师们讲究一种"范儿"，就是做派，太极拳大家也有自己的"范儿"，就是"神"。第四，多练，反复地练，练的时候可以在脑子中回想名家的神采，练多了，就能体会拳架的妙处，体会"神"在何处，才能表现出来。

六十八、练太极拳是不是越不用力越好？

练太极拳不是不用力。一点儿力不用，你动作怎么做？太极拳讲"用意不用力"，要正确、全面、辩证地理解，它的含义在于：

首先，相对于"用力"来说，"用意"更重要。用意是核心，是主导因素，用力是辅助因素。

其次，就是练拳时要把主要着眼点放在用意上。抓主要矛盾才能解决主要问题。能否练好太极拳的关键在于能否掌握好用意的方法。

第三，不要用简单的力，特别是不要用蛮力，而是要用"劲"，是一种改造了的力。太极拳用的力是"内力"，是刚柔相济的力。

但要纠正一种误解，就是以为太极拳一点儿都不能用力，如果这样练的拳软塌塌的，就达不到锻炼形体和精神的作用。

六十九、练太极拳需要做"周天运转"吗？

中国古代的养生术，特别是道家养生术中有强调"周天"的运转法，还分为大周天、小周天，是有意识地引导内气沿周天路线运行。

太极密码

太极拳的动作就是内气导引的方法

(示范：赵幼斌)

太极拳动作就是内气的导引方法，通过开合屈伸自然引导气行全身。太极拳中的"气沉丹田""意形相合"就是内气导引法，而且有意念配合。由于太极拳套路动作全面，可使气达全身每个部分。故练太极拳时不需要另行再做"运转周天"的练习。如果你在练拳中还想着许多复杂的行气路线，就很难把拳练好。

当然，有的拳家为了配合练拳效果，在练习太极拳套路之外，另行进行一些包括周天在内的的内功锻炼，也无不可，那属于配合练习。

七十、如何做好太极拳的平衡动作？

平衡是太极拳套路中的重要练习方法，一般套路的组成中必然有多个平衡式子，一些典型的平衡动作如金鸡独立、分脚、蹬脚等也是著名的太极拳单式。

太极密码

世界太极拳冠军邱慧芳示范太极拳平衡动作蹬脚　　太极剑套路中的平衡动作

　　很多初学者练习太极拳平衡动作时经常站立不稳，如何解决这一问题呢？一是要控制好重心的高低，重心越低，站立越稳定，支撑腿要弯曲，这点和练习长拳不一样。再有就是脚趾微微抓地，要让身体重心的投影线在支撑面内，这样就会增加稳定和平衡性。

　　太极拳的独立式是练平衡的动作，虽然在套路中出现不多，但几乎每种流派的太极拳、械中都有这样的式子。练独立式站不稳的原因最主要的可能有两种，一是下肢力量不够，二是没掌握平衡的要领。增强下肢力量就需要多练习，可以把独立式作为一个单独的"桩"功来站一站，每天站一会儿，左右腿互换练习。也可以适当练习一些增强下肢力量的动作如"下势"等。在掌握平衡要领上，注意松紧得当，完全松懈腿就打软，完全绷紧就容易僵硬，就打晃。另外，支撑腿要保持一定的弯曲度，直中有曲，既体现开中有合，也增加稳定性。着地脚的脚趾还要微微抓地，使重心下沉。

七十一、练"下势"时一定要蹲下去吗？

每种太极拳的套路中都有各种各样的身法变化，包括前后左右的转换，也有一定的上下幅度的变化。下势是较低位的式子，是太极拳动作的重要组成部分。

太极拳的下势在于锻炼下肢力量和增大运动量，一般情况下应尽力下蹲。特别是体质较好的人，做的位置不仅要低，速度还不能过快，要很清晰地完成动作。

太极拳的下势

但也不是绝对的蹲得越低越好，年纪较大或体弱多病的人，如果不能完全蹲下去，也不用单纯追求低位，蹲到自己相对有较大承受力的位置即可。但意念上一定要有向下之意。对于腿脚不好的人，更不能过分强求。锻炼效果不是和位置的高低有直接关系。

七十二、练太极拳如何避免出现膝关节疼痛？

太极拳具有良好的健身效果，正确地依照要领练习，一般来说不会造成身体的损伤。但也的确有些太极拳练习者反映，在练习中出现了膝关节疼痛的现象。

膝盖发生问题，一般可能是三个原因。第一是准备活动不充分；第二是要领，特别是形态要领不正确；第三是运动量过大。

太极拳是一项运动，虽然动作比较柔和缓慢，但也有一定的运动量，也应该做些热身准备活动。很多人对这一点比较忽视，往往工作或劳作完了马上就练太极拳，身体的很多部位都没有活动开，造成局部肌肉紧张。太极拳整体上柔和，但在一些局部，运动量还是有相当的程度的，否则难以有良好的锻炼效果。比如膝关节的运动量就很大，长时间处于承重状态。锻炼前进行必要的准备活动是避免损伤的一个必要步骤。锻炼之后也应该进行必要的放松，如散步、轻微抖动、踢踢腿等。

太极拳几乎所有的动作都涉及膝关节的运动，屈伸旋转等，如果要领不正确，就形成受力的不科学。对于每个动作，认真研究膝关节的方位与变换方式，大小腿的角度，膝关节与身法变化的关系等。要领正确了，锻炼效果才良好。

合理的运动量是科学锻炼身体的一个重要因素。如果运动量过大，超过身体负荷，就会有副作用。过去有些人练跑步，一味强调跑步对健身的好处，每次跑的距离过长，结果不仅对身体不好，还积劳成疾，这就是一个例子。练太极拳也有一个科学掌握运动量的问题。过去说"拳打千遍，其意自现"，说的是遍数，但不一定在一次练习中练多少遍，要根据自己每天的身体状态，可以有时多，有时少，以适度为原则。也不一定每次非要把全部套路练多少遍，也可以将套路拆开，进行单式或组合进行练习。这样包括膝关节在内的身体各部分不至于承受超负荷而导致出现疼痛损伤。

除此之外，冬天练拳时，

科学习练太极拳
(示范：孟宪民)

还应注意膝关节的保暖，受凉也可能导致疼痛。

总之，太极拳作为一项运动，应该注意运动安全和运动卫生问题，这样我们就能获得最好的锻炼成效。太极拳的锻炼具有强健体魄、增强体质的作用，对于下肢力量的增强，尤其具有突出效果，正确的练习不应导致膝关节疼痛。

七十三、练太极拳如何防止感冒？

练太极拳是一种很好的体育健身项目，它既有自身的特点，也有一些体育项目的共性，练习时也要讲究体育卫生。有的人在练拳时得了感冒，反而影响了身体健康。预防感冒也是我们练太极拳需要注意的一个方面。

一要适当注意练拳时的穿着。练太极拳既要考虑服装的柔软舒适，也要根据季节、气温情况来定，特别是秋冬季，应注意保暖。

二要注意出汗防风。练太极拳虽然较为缓慢，但内气运转还是有一定的运动量，练太极拳不应该出大汗。单练习一段时间，会浑身发热，有微汗，这时如果受了风，就容易感冒，所以练拳一般要避风。风不大时，练拳出了汗也应及时擦干。如果练得大汗淋漓，就说明运动量过大了。

三要注意室内外温差。特别是冬天，从室内走到室外练习，不要急于脱衣服，要有个适应过程，身体适应了室外温度，再逐渐减少衣服。还有就是练完拳要及时把有汗的衣服换掉。

四要注意正确呼吸。寒冷的天气时，一般用鼻呼吸，如果用口呼吸，也是微微张开，不要大口呼吸冷空气，以免刺激呼吸道引起感冒。

太极密码

七十四、什么是练拳中的气感？

气感看起来是一个比较玄乎的东西，其实是一种人体的基本感觉。在日常生活中我们也经常会有这种感觉，只不过在练习内家功夫的时候，感觉更为明显，因为内家功夫比较强调内向性的感受，也有专门的练气方式。

(示范：王继生)

抱球桩的练习

我们要体验基本的气感很简单，进行一个抱球桩练习很快就会有感觉。全身松静站立，两臂在胸前环抱，十指自然分开相对，上下中正，内外处于空松状态。

这样站立一般几分钟后，身体就会有微微发热感觉，两手、两臂中间也会有轻微的麻、胀、热、充实等感觉，这就是通常所说的气感。

在练太极拳套路中或某个单式时，如果要领正确，全身就会有这种很充实的气感，它是周身气血流动以及内外高度放松以后的整体效应。

要领正确就能体会到练拳中的气感
(示范：张全亮)

应该说明的是，太极拳中的气感，是一种自然的效应，随着练拳的进展，不同阶段会有不同感受，有时还会越来越淡化。对于这些感觉不应过分、刻意去追求，否则就容易走偏差了。

七十五、怎样看懂传统太极拳论？

太极拳是一种非常具有文化韵味的锻炼方法，它不仅对于身体健康有益，对于心理健康也很有效。要全面得到收效，适当地了解、学习一些太极拳理论知识很有必要，这对于更深入理解太极拳的要领也大有帮助，也就是很多老师通常所说的要避免"傻练"。要知道如何练，还要知道为什么这样练，这样才能在练中感悟出更多属于自己的东西，就是老拳师所说的"把功夫练上身"。

看一些传统太极拳论是学拳的一个重要途径，但传统太极拳由于时代的关系，多采用文言体，加上解说上多用一些比喻、含蓄的修辞，故在理解上也要讲究一点方法。我们在太极拳界会发现一种现象，就是对同一篇拳论，不同人理解得不太一样，有的甚至截然相反，哪种对，哪种错，我们要逐步提高自己的鉴别能力。可能在练拳的不同水平阶段，理解不一样，随着我们鉴别水平的提高，我们的拳术功夫也就逐步提高了。

要看懂传统拳论，先要确定一篇拳论的定位，是说什么的，是讲总纲要领、还是讲推手？是讲劲力、还是讲身法？这个问题看似简单，实际在一些研究文章中有时还含糊不清。开始时可以请教一些老师，逐步就可以达到自己理解。

此外，还要搞清传统拳论中的一些关键字的字义。这一点也要特别注意，比如一些身体部位的描述、一些劲力运行路线的描述、一些名词的含义等。很多古汉字，一字多义，要明确在某篇拳论中这个字的具体意义是什么。有时要关联前后文看。研读一篇拳论，对作者也要有一定的了解，这样会有助于对拳论的理解。如作者是哪个流派的人物,他在拳论中所讲的是这一流派的拳理,还是太极拳普遍的共性理法?写作拳论的时间是该作者早期的,还是晚年的?讲的功夫是哪个层次的等等。

另外,还要对创作拳论的背景有所了解,写作拳论的原因、针对性、当时太极拳的发展状况等。

看传统拳论还有一点很重要,就是不要玄虚化。讲拳是一件很扎实的事情,不要故弄玄虚,望文生义,越高越悬,其结果是照此练习越练越糊涂。最后一点,要结合练拳实践,边体会边研究。

懂拳论,练太极
(示范:刘峻骧)

七十六、练习太极拳如何处理和其他体育锻炼之间的关系?

太极拳是体育锻炼的项目之一,练太极拳不排斥从事其他体育运动形式的锻炼。相反如果能结合得很好可以互相促进。比如,在正式练拳之前,进行一些其他项目的锻炼作为太极拳的准备活动就很好,可以跑一跑步,做做广播体操伸展一下肢

世界太极拳冠军崔文娟太极剑势

体等。练拳后,年轻人也还可以跳一跳健美操,老年人可以散散步,做些其他柔和的锻炼,作为整理活动。太极拳在练习时比较缓慢,在锻炼安排上还可以在不同的时间,如每周一两次结合练习一些稍微剧烈一点的活动,作为一种运动调节。

七十七、如何看懂太极拳的"功夫"?

看懂太极拳的功夫就是学会观摩,看懂了才能照着学习、改进。你如果不明白什么样的动作对错好坏,就不利于自己较快地提高。

看太极拳一看端正自然,如果动作歪歪扭扭,生硬僵板,练得就不对。有的人练拳练得很熟练,但前仰后合,即使练得很"油",也不是高级功夫。

二看流畅顺达,从头到尾完整一气,劲是连的,不是时断时续。熟能生巧,连绵不断是太极拳的基本特点,这要多年去练,才能出功夫。

三看神采饱满,感觉到内外都很饱满,精神头很足,虽然慢,但神意内敛。如果练拳时萎靡不振,功夫一定不行。动作出来一定是神、气、意并存的。

还有就是技击意识清晰。练拳动作虽然流畅,但交代不清,似是而非,攻防含义没有,变成了太极操,那就走样了。

练太极拳应该神采饱满
(示范:李经梧)

太极密码

(示范：傅清泉)

太极拳脚下是根

七十八、如何练好太极拳的步法？

太极拳的所有动作都是在脚步移动中完成的，"脚下是根"，掌握不好步法的要领，就无法很好地练套路。练好步法需要从以下几个方面入手：

第一，准确掌握步法的路线。每个式子中步子怎么迈，怎么跟，式子之间的步法如何转换，路线要很清楚。错几个方向，整个套路就乱了。太极拳的正隅方向是有一定讲究的，有的人练太极拳总搞不准方向，起因在步法路线的错误上。

第二，分清步法的起落方式。先落脚跟，还是脚尖？提脚先提哪里？在太极拳式的步法变换中，是内扣还是外摆？要交代得很明白。

第三，虚实分明。太极拳运动中步法的最大特点是虚实交替，每个动作都如此，虚实就是阴阳。所以在步法上不能含含糊糊，一定把虚实做清楚、做对。

第四，把握劲力。太极拳步法上的劲力就是感觉，什么样的感觉？轻灵、沉稳，"迈步如猫行"，拿得起，放得下。"拿得起"，就是抬步轻柔，无滞重感，"放得下"，就是稳稳落下，不漂浮。太极拳的步法如果从以上几点入手就能练好。

七十九、如何做到太极拳势子间的连贯性？

太极拳练习时无论是单一的动作，还是一个套路，都应该是连贯的，不能有明显的停顿，特别是劲不能断，意不能断。这种连贯性的要求，是建立在对动作熟练的基础上的。动作熟了之后，就细细体会做动作时的劲、意状态，将它们连贯起来。

这当中，要重点解决的是每个动作之间转换的衔接，前一个动作还没结束就要在脑子里运行下一个动作的形态，过渡自然，甚至把前一个动作的后半段和后一个动作的前半段看做是一个动作来处理，做到"你中有我，我中有你"。太极拳的弧形运动、折叠翻转为连贯性提供了便利，如果是直来直去，必然会有明显的劲力转换方向，太极拳的劲力转换不着痕迹，体会到了这一点，连贯性就实现了。

明了势与势之间的转换关系是连贯性的关键
(示范：李雅轩)

太极密码

八十、练太极拳如何做到"完整一气"?

完整一气很重要,如果把人体比做是一部高精密的复杂机器,完整一气就是要求这部机器非常有序、协调地运转。由于种种原因,人体的生命运行过程中,总会出现一些或大或小的不和谐音,通过锻炼,就是调整这些"杂音",让它和谐起来。完整一气就是在内部关系这个层次上来和谐人体的生命运转。

要做到完整一气,就要既求外,也求内。做每个动作时,注意身体各部位之间的对应关系,每个动作之间,注意流畅地衔接,动作流畅,拳势流畅。不流畅肯定做不到完整一气。流畅也不是简单地把动作练熟,熟练和流畅还不是一回事。

还要把动作做到位,动作"到位"了才能整,动作只有到一定程度,内劲才能体现出来。所以每个动作定式的时候可以自己体验一下,内劲有没有感觉。

完整一气的关键还有一点,就是用"气"来贯通。练每个动作都有所不同,这是就外形来说的,练若干个动作如同练一个动作,这是就"一气贯通"这个层次来说的。要做到这一点,一个有效的办法就是找到体会每个动作的平衡感,把这种平衡感觉保持下去,形成自然状态,就会完整一气了。

做到了完整一气,才能实现身体内外的整体平衡。身体的完整性是由构成身体内外的各种元素综合协调来实现的。太极拳家李亦畲在拳论《五字诀》中说:"一曰心静,二曰身灵,三曰气敛,四曰劲整,五曰神聚。"这是关于太极拳整体性方面的五要素。怎么把握整体平衡？可逐一从这五方面着手。心静才能体松，心不静身体就拘紧。放松了动作才能灵，反复熟练也是灵的一个前提，动作不熟练的时候肯定也灵不了。气敛，就是不能散，这是养生的一个关键，气散了就会消耗，空荡荡的，内气不实，萎靡不振。劲整，人就越练越硬朗，劲一整，气也就实，劲不整，气也是乱的。上述几方面做到了，才谈得上神聚。神聚就是你的意识活动要健康，不能练拳时胡思乱想。这五个字是同时要求、同时做到的，侧重点不一样，结合在一起就是人体的平衡状态的衡量指标。

　　实现了身体的整体性，才能充分体现出练拳的作用。太极拳家陈鑫认为："周身一齐合到一块，神气不散，方能一气流通，卫护周身。"练拳要求一个整劲。周身合在一块，不是拘紧地靠，而是互相之间有一种很协调的对应关系。这样才能将神气抱成一团，是一种开展性的"合"，于是气息很顺畅地周流全身，起到护卫作用。

练太极拳总要完整一气（示范：翟维传）

太极密码

(示范：胡凤鸣)
太极拳的虚实是一个动态的概念

八十一、如何理解太极拳的虚实？

虚实是太极拳一个很重要的概念，具体的技术体现也很丰富。

首先，在动作上要分清虚实，每个太极拳的式子，无论是过程还是定式，都有明显的虚实结构，脚、手都分虚实，身体上的这种虚实是最基本的，要清清楚楚。

第二，在技击意识上有虚实，战术招法上，攻有虚实，守也有虚实。这里面有兵法，有哲理。

第三，在劲力运转上有虚实，蓄劲、发劲，开合鼓荡都有虚实。

第四，虚实是个动态的概念，在一个瞬间为虚的因素，下一个瞬间可能就是实，要注意这种转换。虚实的变化就是动态平衡。虚实只是相对的，没有绝对的虚实因素。对于初学者来说，虚实分明和虚实转换是重点掌握的两个要点。

八十二、太极拳和中医的关系是怎样的？

武术不仅是一种防身技击术，也是一种强身手段。武术和中医关系极为密切，向来有"武医不分"之说，许多著名的武术家都有很深的中医造诣。太极拳与中医的渊源关系更深，主要表现在几个方面：

第一，基本理论相同。都是以《易经》学说为基本依据，以阴阳平衡为基本原则，无论是基础理论还是应用技术理论上都有大量的相同之处，甚至是完全通用的。

第二，武术是中医学健康的有机组成部分，太极拳已经成为中医康复保健的重要方法并得到普遍应用。

第三，太极拳和中医都强调预防为主，治"未病之病"，以强身健体、增强体质为健康的首要选择，重在提高自身体能、潜能的提高，抵抗各类疾病。

第四，太极拳和中医都注重心理和生理健康相结合，身心并修。努力改善人的精神状态。

第五，大力提倡整体观，注重人与自然的和谐。中草药取之于自然，和太极拳的仿生方法都是这种思想的具体体现。因此，练习太极拳的过程也是学习中医保健知识的过程。此外，有意识地学一些中医学知识，有助于更好地练习太极拳。

太极拳锻炼原理和中医相通（示范：高壮飞）

八十三、什么是"四两拨千斤"？

"四两拨千斤"是太极拳一个著名的技术谚语。它体现出太极拳的运劲和思维特点，就是主张用巧力而不是拙力来取胜。当对方以大力击来时，我不是与之硬抗，而是避其锋芒，运用内劲功法，避实就虚，引进落空，巧妙地调整力学结构，使对方失重、失势，再于关键点或线上施以小力，就可将其击倒。这是一种比喻性的说法，其核心在于顺势得机、以静制动。

理解这句话不要简单地从定量上来看待，它的含义在于以小胜大，以弱胜强。

要实现"四两拨千斤"的效果，就不能以力对力，不是简单的对抗，而是要营造一种结构，通过这种结构来发挥作用，来处理应对关系。这个结构的构成元素是我与对方的体能、智能的诸多方面。单纯的肢体语言是无法实现的。

太极推手四两拨千斤（示范：王大勇）

八十四、太极拳练习中腰的作用是什么？

腰对于练太极拳来说具有关键作用，腰有承上启下的功能。从行气来说，腰使上下贯通，又是丹田所系，鼓荡在于腰间。从虚实来说，全身的虚实变换在于腰，腰脊动则周身一体，虚实才能换得灵，内外顺遂。从平衡来说，腰为中轴，左顾右盼，旋转起落，重心移动都在于腰。

所以练太极拳腰如果不灵，动作一定僵死。练习基本功时就要先松腰。

腰是太极拳一个最要紧的所在。武术上有"八卦步，太极腰"之说，认为练得好与不好太极拳的关键在于你搞懂了腰的

太极拳练习腰很关键
(示范：田秋茂)

作用没有，会运用腰不会。拳论强调："十三势势莫轻视，命意源头在腰隙。"腰是一身的枢纽，要形成整体性，要靠腰。从运气上说，气沉丹田，在腰；从运劲上说，"发于脚，主宰于腰，达于四肢。"杨澄甫说："能松腰，然后两足有力，下盘稳固，虚实变化，皆由腰转。"腰的要点，一在于

松,松腰松胯,中间才松,劲力上下通达顺畅。腰容易僵硬,这是人的通病,很多人跳舞跳不好,也是腰僵硬所致。练拳的要求就更高些。二是活,能灵活转动。三是整,和全身连接一体,太活了,散了也不行,要以腰能带动全身。练拳有人说长腰劲,就是说它的带动四肢的作用要发挥出来。每一动作都要体会"腰为主宰"的感觉。

《十三势歌》中说:"刻刻留心在腰间,腹内松静气腾然。"腰是关键,所以要"刻刻留心"。留心不能太着意,不是僵化的执著。如果把意念死死地放在腰间,带来的就不是"松",而是紧,气就不流畅,造成腰不仅不灵活,反而成了累赘,形成一个死节。要实现腹内松静,是一种无杂念的"守",静下来,气才能"腾然",生机勃勃,周转不息。

八十五、什么是太极拳的"养"?

运动就会有消耗,有益的锻炼就是通过运动增强人体组织、系统的活力,减少不必要的损耗。暂时性的、主动性的、积极性的消耗和不必要的损耗是有区别的。太极拳通过"动"来实现"养",养是指内在的内养,不仅不损耗,还不断积蓄能量。通过练太极拳达到"养"的目的,主要通过几个方面来实现:第一,内功锻炼。通过站桩、静坐的办法,也可以是一些单式的静练,增强内气。第二,慢练的办法。太极拳练习速度舒缓,对肌体没有太大的负担,体力上的消耗也不大。如果要增加运动量,可以增加练习时间和次数。第三,动静结合。完全静而不动,或者完全动而不静,都不利于养生。太极拳虽

内养是太极拳的秘诀之一
（示范：程秉钧）

然动，却是动中求静，是均匀的动。有规律的动也是一种静。第四，导引。导引是一种积极的养的方式，能够舒筋活血，让人全身通畅，一通畅了，气血就活了，就能不断积聚能量。结合导引把呼吸吐纳做好，效果就更佳了。

　　养的核心在于内练，向身体内里求，不是外向型的拙力、笨力。武禹襄《打手要言》中说："内固精神，外示安逸。"内固精神就是精神要扎实、饱满，练拳时不慌乱，要沉着、沉静，这样外在的表现才能从容、安逸。相反，只有外形练好，内在精神才能稳固。固精神需要一定的物质基础，外形虚弱不整，精神也难以安固。陈鑫说："以吾身本有之元气，运于吾身，其屈伸往来，收放擒纵，不过一开一合与一虚一实焉已耳。"长寿的药在哪里？在自己身上，依照一定的规律挖掘自身的潜能，是增进健康的一个有效途径。依照什么规律，就是符合人体生命现象的运动规律，具体到太极拳，开与合、虚与实当中就蕴藏着规律的奥妙，要细心体会。

太极密码

八十六、如何理解太极拳的开合？

（示范：李雅轩）
太极拳势「白鹤亮翅」

特征（示范：孙淑容）
开合是孙式太极拳最主要的技术

"开合"是太极拳练习中的一个重要要领。太极拳在外形上有两个突出的特征，一是弧形运动，二是开合运动，每个动作基本上都体现有开合的练习。

动作上的开合比较明显，也容易理解。外展性动作为开，内向性动作为合；向上起的动作为开，向下沉落的动作为合；向里收的动作为开，向外推的动作为合。在一开一合中，注意体会气息的鼓荡，这样结合动作就有了内练的作用。比如"白鹤亮翅"，先是双臂在身体中心内合，气息沉稳下去，再双臂分别向上、向下打开，充分伸展，为开，气息舒展，全身轻灵，脚下虚步，整个身体状态虚中有实，开中有合，沉稳灵动，其练法的引导就是由开合起始的。

还有一种开合的理解方式，就是从劲力的变化方面，是劲力的开合。太极拳在技击中有"引进落空"之说，对方打来，我先引之，使其落空，再发力击之。这种"引"称之为"开"，即开门引敌之意，向外发力击敌称为"合"，即全身劲力相合，形成整劲，向外将敌击出。也有将敌我之力相合，全部击向敌身之意，即"以彼之力加诸彼身"。这种"合"法在太极拳论中称为"引进落空合即出"。

要特别注意，这两种理解角度有所不同，在外形动作的对应上是正好相反的。这代表了不同的理解角度，不同的着眼点和层次。

由于开合在太极拳中的重要性，著名武术家孙禄堂还将其发扬强化，创立了以开合为核心练法的孙式太极拳。

八十七、太极拳健身在怎样的时间和环境下练习效果较好？

对于练太极拳的时间问题，一句话，选择自己适当的时间。怎么理解？一是自己的空余时间，或有意识地安排系统的时间，那样最好。二是你心情比较放松的时间，即使你有空余，但心事重重，心烦意乱，也练不好拳。当然，也有的人心情一烦躁就想去打拳，心情反而逐渐平静下来了，这是太极拳调节心理的一种功能，但这是练习时间较长、有了一定功夫的情况。初学者最好还是心情轻松地练。具体时间在一天当中无所谓，如能坚持晨练还是比较好的，但也不要太早。

太极拳锻炼的一个优势，就是场地的简易性，随时随地都能拉开架势比划一下。室内只要地方足够大，就可以练习。

太极密码

所谓足够大，不一定是把一个完整的套路从头练到尾，那样对地方的选择性就有局限了。但至少要能把若干个动作完整连下来，一段一段地分开练习。如果你练一个动作挪一下地方，就做不到连贯性，体现不出太极拳套路的锻炼特性，那样你就不如干脆在原地练单式，到宽敞的地方再连起来练。总的来说，因地制宜。但室内练太极拳有一点需要保障，就是通气性要好。

太极拳健身原则上是不拘场地的，对空间的要求也不大，够一遍拳的来回就可以了。无论是居家还是办公室，都可以简单练习。

如果时间和条件允许，在环境好一些的地方练更好。所谓环境好一些，一是指室外，室外空气流通充分，太极拳练习中呼吸结合动作，空气的流通性好，人体内外气息交换比较充分一些。二是绿化比较好的地方，如有树、有水的地方，这些地方既对人体有直接益处，同时良好的环境也有利于心境的放松。三是比较安静的地方。太极拳练习要有一定程度的入静，外界的干扰因素越少越好。在选择环境时也要避免一些不利的因素，如风比较大的时间和空间、烟尘较多的地方、比较喧闹的场所等。还有，尽量不要在雷雨天练习。

太极拳研究家梅墨生
室内练太极

八十八、练太极拳总是觉得动作僵硬怎么办？

这是练太极拳要避免的一种毛病。动作僵硬味道就不对了，就不像太极拳，也达不到太极拳锻炼的效果。可以从几方面改进：第一，开始学习时，不要求快，要注意正确的动作定型。一个式子僵硬了，下一个很自然就僵硬，一个式子顺了，下面也就顺。所以开始的动作就把它做柔了。第二，一个技巧，要整体找柔的感觉。有的人学习时是分开找，比如先找手上的感觉，再找腿上的感觉，再找腰上的，这样开始觉得容易一些，但一组合，还是僵硬，而且留有后患。宁可开始稍微麻烦一点，也要从整体上找。一开始就从整体上找，表面上看难一点，其实是事半功倍的。整体上找的柔和，是真正的柔和。第三，要有轻灵感。对于初学者来说，由于动作不熟练，开始时觉得动作僵硬是正常的，随着动作的熟练，会有一定程度的改善，但如果练了一段时间还有这种感觉，就要在轻灵上下工夫了。轻灵的作用就是去僵化柔。轻灵是从内向外找的，把内脏放松，把丹田、腰部放松，步法放松，想象自己如同在水中打拳，或者是漂浮在空气中打拳，心境也松下来，逐渐动作做松了，轻灵就逐步实现了。

太极拳动作轻灵
(示范：徐忆中)

八十九、身体很疲倦的时候练习太极拳好吗？

太极拳有消除疲劳的作用，经常练习会觉得神清气爽，精力充沛。但身体很疲劳的时候一般不提倡马上练太极拳。因为这时候身体状态不好，很难做到身体的放松，紧张点比较多，动作也不容易做到位，经常在疲劳时练拳，反而容易形成错误的动作定型。再者此时精力涣散，不容易集中精神和入静，做不到以心行气，以意行拳，即使练习，也如同做操，难以达到深层锻炼的效果。

有的人在一天工作非常紧张、十分劳累之后，机械地执行每天必须练拳的规定，带着疲劳练拳，这是大可不必的。

九十、集体练习太极拳怎么做到整齐划一？

集体太极拳演练是现在群众体育活动的一个重要形式，在许多大型文体活动中经常出现。许多太极拳爱好者也有浓厚的兴趣参加这项有益的活动。一些大型的集体太极拳表演如天安门万人演练、三亚海滨万人演练以及长城太极拳万人演练等，在国内外产生了巨大影响。集体太极拳练习的关键在整齐划一。如何做到这一点？一是要根据情况，选择适当的套路。一般不要过长，而且是大家都比较熟悉的。现在选择比较多的是二十四式简化太极拳，有时也用十六式等套路。二是要配音乐练。集体人多，通过音乐，特别是专门为太极

太极密码

三亚海滨万人演练太极拳

拳套路所作的音乐，都有明显的乐点，在练习时把乐点和动作对应起来，容易统一动作。三是统一服装。服装不一定多好多高级，但一定要统一，要宽松，这样视觉上就会舒服，就显得一致。另外一点就是尽可能做一些合练。

九十一、太极拳对人体各系统及功能的锻炼作用是怎样的？

　　太极拳作为一种优秀的健身方法，不仅有世界各国大量的实践证明，也有着坚实的科学基础。多年来，众多中外太极拳家、科学家开展了多层次的、系统的太极拳健身研究，特别是在太极拳对人体各系统功能锻炼、改善作用方面更是形成了系统成果。这里将有关内容向大家介绍一下。

太极拳对神经系统的影响

　　太极拳对神经系统的锻炼作用是非常突出的。太极拳的健康原则就是身、心并练。不只是形体上得到锻炼，在心理、

太极密码

练太极拳对神经系统有良好改善作用
(示范:晏慎余)

精神方面也要有改善,是一种全面的健康观。在技术要求上对神经系统的调节贯穿始终。

现代科学研究表明,人的大脑的能量消耗,大概占到人体能量消耗的六分之一到八分之一,如果大脑经常处于紧张之中,人体能量的消耗就大,不仅脑力疲劳,身体也会疲劳,并且造成交感神经和副交感神经的不协调,使大脑皮质紊乱,产生很多疾病。所以太极拳的入静,使大脑的负担解脱出来,改善神经系统的抑制过程,消除病灶反馈性影响。通过运动使恶性兴奋转化为良性兴奋,使大脑皮质在运动中得到休息。所以很多人的体会是,本来很累,打一遍太极拳后,反倒觉得大脑很清醒。

在打拳时要入静,思想专一,排除杂念,在意识的支配下,精神始终关注在动作上,没有其他情绪的干扰,专注于指挥全身各器官系统机能的变化和协调动作,使神经系统受自我意念控制的能力得到提高。这样就使大脑皮质进入一种保护性抑制状态,就让紧张的思维、神经得到放松休息。太极拳的动作,练习时要如行云流水,连绵不断,如长江大河,滔滔不绝,由眼而手部、腰部、足部,上下照顾毫不散乱,前后连贯,同时动作的某些部分比较复杂,必须有良好的平衡能力,也间接地对中枢神经系统起训练作用。这样就提高了中枢神经系统的紧张度，从而活跃了其他系统与器官的机能活动，加强了大脑方面的调节作用。太极拳动中有静，静中有动，用意不用力，精神既放松又集中，动作四面八方都有，调节大脑神经的灵活性。中枢神经指挥全身运动，有充足的时间、余地发挥作用。没有哪一项运动有中枢神经如此深度、充分地参与，锻炼了灵敏性，所以久练太极拳的人反应都十分敏捷。

神经系统的作用，是调节全身各器官功能活动、保持人体内部的完整统一，以适应外部环境变化的需要。太极拳讲究"意守丹田"，以静制动，以增加自我意念的控制能力。增强神经系统对人体内外的良性控制力。使兴奋与抑制过程协调，对身体及精神疾病有良好的防治作用。

另外，太极拳是一种很有兴趣、很有乐趣的活动，经常练习的人，都有一种愉快的心情，练拳的时候，周身感觉舒适，精神焕发。这种乐观情绪对神经系统也很有益处。

太极拳对心血管系统的影响

血液担负着营养周身各组织器官的作用，心脏则是血液运行的动力。太极拳锻炼能增强心脏功能。经常练习太极拳，使心神得到静养，并且延缓心脏舒张期，使心肌得以充分休整，使心肌收缩力加强，输出增加，提高了心脏的工作能力。在练习太极拳时，动作圆活自然，全身肌肉有节奏地收缩弛张，使血液流畅，静脉回流增加，从而加速了血液循环，减轻了心脏负担，对心脏起到了保健作用。

毛细血管是微循环物质交换的场所。经常练习太极拳，能使微循环功能加强，有利于毛细血管内外的物质交换，促进组织对氧的利用率，减少肌酸的蓄积，减缓疲劳，益于疾病的恢复，特别是对慢性冠心病、高血脂症、动脉硬化症都有较好的防治作用。

太极拳的动作，包括了各组肌肉、关节的活动，也包括了有节律的、均匀的呼吸运动，特别是腹式呼吸的横膈肌运动。全身各部骨骼肌肉的周期性的收缩与舒张，可以加强静脉的血液循环，肌肉的活动保证了静脉血液回流，及向右心室充盈必要的静脉压力。在腹式呼吸中，随横膈肌的一升一降，也使胸腹腔的压力一张一弛，腹部压力随之有规律地升降，这种运动极有利于推动胸腹腔内的动脉和静脉的血液输送和回流，尤其使下腔的静脉回流。因为静脉压比动脉压要低得多，腰以下的静脉血回流又受着地心引力的影响，所以静脉血回流不仅要靠血管内压力的推动、静脉瓣的调节，而且也依靠血管外的肌肉的一张一弛和腹部压力的一升一降来促进其回流。腹式呼吸所形成的腹压升降，有利于血液的循环，这样就使躯体和内脏获得更充足的血液营养。

太极拳深长均匀的自然呼吸，并且要气沉丹田，更好地加速了血液与淋巴的循环，加强了心肌的营养，为预防心脏各种疾病及动脉硬化建立了良好的条件。

太极拳的动作柔和、协调，也促使全身血管弹性增加、血管神经的稳定性增强。长期练太极拳对防止高血压和血管硬化有良好作用。

太极拳对呼吸系统的影响

太极拳的呼吸要求细、匀、深、长，可以有效地锻炼呼吸肌，改进胸廓活动度，保持肺组织的弹性，使肺活量加大。在练习时还要求"意守丹田"，腹内松净气腾然"，这样可以加大毛孔通气量、开发卫气，有利于肺的宣肃功能和肺朝百脉的作用。

太极拳的腹式呼吸，也对提高肺脏的通气和换气功能有良好的促进作用。它可以增加膈肌及腹部肌肉的活动度和调节肋间肌的呼吸功能，使肺与胸廓之间的牵张力加大，增加肺活量，提高肺泡与毛细血管壁的接触面积，使氧及二氧化碳弥散能力增强。经过长期锻炼，可使呼吸频率减少，增强呼吸效果，对防治各种慢性肺部病变均很适宜。

太极拳在运动时的呼吸都很缓慢，呼、吸都比较充分，肺里面气体的交换都很充分，呼吸肌的运动也很柔和，在不增加心脏负担的情况下，增加、改善氧的供应。

太极拳中有很多开合动作，它们在柔和的状态下进行，锻炼了胸部肌肉，对提高肺脏的通气和换气功能有着良好的作用。

太极拳对人体呼吸系统有良好锻炼作用
(示范：晏慎余)

太极拳对内分泌功能的影响

人由于过度的紧张会造成内分泌功能紊乱，太极拳在心境情绪上的良性调控，首先改善了由于紧张造成的紊乱。

练太极拳使人的植物神经系统稳定，内分泌功能增强，使免疫系统功能也得到增强。许多女士在练习太极拳后面部气色、斑点会有明显的改善，就是内分泌的影响。

太极拳锻炼中很重视丹田的作用，有"意守丹田""丹田内转"等练法，内分泌系统也主要集中在腹部丹田位置，意念的运行和内气的运行对人体的内分泌功能都有改善。

太极拳对消化系统的影响

很多人的实践证明，打太极拳后消化系统功能明显改善，这主要从几个方面发挥了作用。首先，练拳使精神状态变好，心绪平静，没有那样多的心事了。精神作用对消化系统的作用是明显的。大家都有这样的体会，一段时间如果心事比较重，或情绪不好，就不想吃饭，而改善了情绪，胃口自然就好了，消化也好了。所以太极拳改善消化系统的一个方面是从改善情绪入手的，通过练拳消除不良情绪改善神经系统功能，对那些由于神经系统紊乱引起的消化疾病起到改善作用。

练太极拳以腰为轴，丹田内转，增强了腹部按摩，加强了胃肠毛细血管的血液循环，改善了吸收功能。太极拳内动的运动方式，加上不断的旋腰拧胯，全身一动无有不动的练习，也改进、增强了排泄功能，所以长期练太极拳便秘的很少。这些都体现了太极拳对消化系统的调节。

太极拳对骨骼肌肉的影响

太极拳的调形，不仅是调健康，还调健美。太极拳的许多要领，其实也是塑造健美、强壮的体型。使肌肉丰满，体质健壮，体态优美。

太极拳要求立身中正，使身体外形挺拔，步法灵活，并且始终屈膝打拳，强化了下肢，增加骨骼、肌肉的力量，加强了对形体的控制力，能够强化骨骼，延缓骨质疏松症的发生，延缓衰老。

太极拳的弧形转动，以腰为轴，畅通了经络，有利于气血的运通和肌肉的营卫。太极拳内外合一的运动，是一种从根源上的强壮。上下相随，内外结合，快慢相间，节节贯串，使脏腑组织到肌体组织、关节韧带、腱鞘肌群，都得到同时活动和锻炼，久而久之，肌肉丰满发达，骨骼强健有力，使骨的理化特性得以改善，提高骨的抗折、抗压、抗弯、抗脱臼能力。对各种关节病，例如关节僵硬、行走坐起不便、足膝萎软、屈伸无力、骨质增生等，有良好的预防作用。

太极拳对经络系统功能的影响

经络是中国传统医学独特的视角。养生的效用必然也反应在经络系统中。经络是气血运行的通道，人体健康与否，与经气畅通与否密切相关。练习太极拳，要意达梢节，气贯梢节，就是手足的末端，而手足的三阴、三阳经贯通于此。所以太极拳的每个动作都是对经络系统的锻炼。

太极拳每一个动作的重点关注点也大都是经络系统重要穴位的所在。比如虚领顶劲，相关的有百会穴；含胸拔背，相关的

练太极拳对人体经络系统功能有良好改善作用
（示范：王培生）

有大椎、尾闾穴等；沉肩坠肘，与肩井、劳宫等穴位相应。所以，太极拳的所有动作，也是经络的导引动作。练一遍太极拳就是对全身经络进行了一次导引。

"尾闾中正""虚领顶劲"有利于任脉、督脉经气的运行。太极拳一动，内气就在任督脉中周流不息。

特别是气沉丹田，丹田被认为是"气海"所在，为任、督二脉的交汇处，对丹田的特殊关注就是对经络的强化锻炼。

太极拳练习到一定的量、到一定程度时，身体就有一些细微的感觉，如小腹发热，四肢末梢发胀、发麻之感。类似于中医针灸时的感觉，这就是导通经络、穴位的表现。

九十二、怎么理解《太极拳论》?

王宗岳的《太极拳论》是太极拳最重要的一份文献,练太极拳的人都应该读一读。但每人的理解、每个阶段的理解都可能不一样。

理解《太极拳论》,要把它当做一篇太极拳的大原则来看,它讲的是太极拳的根本道理,适合各种流派的太极拳,也为各派太极拳家所推崇。所以不要将其对应拳术技术上过于具体,它讲的是太极拳的纲要,是从整体上来概括的。有的人把《太极拳》论对应每个动作来分析,就很容易产生局限性。

《太极拳论》涉及了太极拳的基本理论、拳术属性,也有练法上的拳理,养生、技击都有论述。通篇可以贯穿于每个动作的要领中,都可找到立足点,但又不是针对每个动作来说的。所以理解《太极拳论》要从宏观入手,这样才体会、获得的更多。

研读《太极拳论》还可以参考一些名家的注解。历代太极拳家中有许多人结合自己的体会对太极拳进行了分析解剖,这些分析都融会了自己多年的切身体会,是我们理解《太极拳论》的重要辅导材料。

《太极拳论》对太极拳练习有重要指导作用(示范:郑曼青)

太极密码

九十三、太极拳中的"无极"应怎样理解？

王宗岳在太极经典《太极拳论》中开篇就强调："太极者，无极而生，阴阳之母也。"这是太极拳论开宗明义，解释"太极"的含义，以及太极拳名的由来。

练太极拳不可不知"太极"，这里说明了把握太极拳健身的两大要点，一是整体观，二是平衡和谐。"无极"就是一个整体的概念，中国哲学认为，"无极"乃天地之始，也是人体之始，是人的婴儿状态，练太极拳就是返璞归真，去杂念，健身心。开始练习太极拳时，很多老师要求学员要练无极桩，就是体验无极的状态，还没有分阴阳的状态，体验人体内外的完整性，哪里有矛盾？哪里有病痛？这叫"静查"。由"无极"到"太极"，分了阴阳，有了阴阳，就有了矛盾，"一阴一阳之谓道"，太极拳就是解

无极桩是练太极拳的基本功
(示范：王继生)

决、处理、平衡、和谐人体各种阴阳矛盾的一门健康学问。所以太极拳健身的关键也在于把握运动中的阴阳要素，比如收放、开合、进退、内外、快慢、攻防等，依照科学规律来锻炼，就会取得良好效果。在理解古典拳论时还要注意避免一点，就是不要陷入唯心主义之中，很多拳论是借哲学语言讲明拳理，也不能一味机械地从字面理解。

九十四、太极拳经常提到"双重",应如何理解?

双重是太极拳中反复强调要避免的一个"病"。拳论中说:"立如平准,活如车轮。偏沉则随,双重则滞。每见数年纯功,不能运化者,率皆自为人制,双重之病未悟耳。"

但对于双重,许多人有不同的解释。大体上有两种基本的含义,一是指自己练拳时阴阳不分,虚实不清;二是指与人推手、交手时以蛮力硬抗,不知引进落空,不知四两拨千斤。双重有什么危害?虚实不清、与人硬顶,就懂不了太极拳的劲,就不能去僵化柔,克服不掉自己身上的紧张点,意气转换不灵,难以神清气爽,达不到养生的效果。所以练太极拳时轻灵婉转很重要,要做到轻灵就需要立身中正,如天平一般稳定、平衡,要像车轮一样圆活。

九十五、如何做到"虚领顶劲"?

虚领顶劲 (示范:赵幼斌)

拳论中说:"虚灵顶劲,气沉丹田。不偏不倚,忽隐忽现。"这是讲身法要领。

练拳要气顺,不顺则滞,顺就要上下贯通,头顶百会有向上领起之意,但又不能死顶,造成气血上涌。所以要"灵",要"虚虚领起",这样精神就提起来了。

头向上虚领,脚下的配合很重要,脚要向下松下去,这样上下就有了挺拔的感觉,还很端正。

中间气沉丹田。上下一对拔,中间腹部轻轻沉下,腰胯随之而沉,丹田就有充实感。这样上、中、下三位一体。动起来也要保持这种状态,不能前仰后合,左晃右摇,变化上虚实分明,劲力运转流畅,形成一种有规矩的灵活动态。

九十六、如何理解拳论所说的"动之则分,静之则合。无过不及,随曲就伸"?

太极拳把人体比做"太极",身体一动,就分了阴阳,身体一静,阴阳则合,收式时有的套路叫做"合太极"。在打拳过程中,也要动中有静,就是阴阳即使分开时,也要时时处处有相合之意,有合的趋势,这样才平衡,是动态的平衡。所以在练拳中,不管动作如何开展,不能散,中医养生上也叫"抱元守一"。不散的一个方法就是不能过,运动中的各种阴阳元素不能过,也不能泄,不能"瘪",这就是"无过不及",守"中"。身体中正,意念中和。"随曲就伸"就是顺应人体的自然

动之则分 (示范:李树峻)

规律,规律就像事先建好的管道,水要顺管道流。

"无过不及,随曲就伸"就是中国古代儒家所倡导的"中和"的思想在拳术上的具体应用。对于一个事物、一个系统,一个对象,先要判断,把握它的"中",这个中是一个标准,这个标准决定你的"动"要围绕这个中心来波动,不能偏离。因为不能静态地固定在那一点上,所以要不断变化,随曲就伸就是一种立体的变化模式。

太极密码

九十七、如何理解太极拳的"神明"境界？

传统太极拳论中说："由着熟而渐悟懂劲，由懂劲而阶及神明。然非用力之久，不能豁然贯通焉。"（王宗岳《太极拳论》）其实"神明"就是自然符合规律的一种状态，对规律的自然体察和调节纠正以便符合的一种水平。

杨禹廷太极拳势
神明是太极的高级境界

怎么才能达到拳论所说的"神明"境界？先练"着"法，要反复练习，熟能生巧，一开始先走架，练好外形动作。外形准确了，逐渐体会内，要"找"内劲，就是"渐悟"，不要急。做动作时跟你平时做其他体力活动区别不大，等你感觉到"劲"了，就不同了，就算入了太极拳的轨道了。太极拳的劲有很多种，要逐一体会。把"劲"都掌握了，能自如运用的时候，再一打太极拳动作，对与不对，你自己就能感觉出来，不符合太极拳劲力标准的就是不对，这就是所谓的"神明"了。这个道理其实很简单。要达到"神"就要先老老实实"守规矩"，依照要领练动作，长期地练，功夫下到才能成。练太极拳没有说谁如何聪明，少练一些就能功夫更深的。太极拳是需要体悟，但是在练到一定数量的基础上，才能感受深刻。相反，任何人通过一定的练习都能掌握太极拳，它又是一项很简易的运动。

九十八、练好太极拳应具备什么样的条件？

练习太极拳不需要什么特殊的条件，各种身体状况的人都可以练好。要练好太极拳需要强调几个方面，一是对太极拳要有正确的认识，太极拳具有良好的健身效果，所以要有信心，但它不是万能的，也不是包治百病的，要客观看待。第二要坚持，不坚持再好的健身项目也无从谈起。第三要动脑子，要"用心"练，这样越练越有兴趣，也就容易坚持。第四，讲究体育卫生，讲究科学锻炼。再有就是穿宽松一些的服装，舒适一点的鞋，就是穿着上的适当。

九十九、太极拳的主要流派有哪些？

太极拳不论哪一种流派，基本理论和技术是相通的，只是风格上有所区别。

在太极拳的流派划分上，还有"氏""式""派"之说。在20世纪初期，各派太极拳多以"氏"来命名，如"陈氏太极拳""杨氏太极拳"等，因为这些流派都是以其创始人或重要贡献者的姓氏来命名的。后来，特别是新中国成立后，又逐渐地改成叫"式"，这是因为，在太极拳传播过程中，逐渐打破家族传承的体系，广泛向社会上传播，也出现了许多外姓的杰出弟子，太极拳已不局限在某一家族的内部。当然，很多太极拳世家也很好地继承了先辈的传统，涌现了一些杰出的代表人物，但毕竟太极拳的范围大大地拓展了，所以很多人认为，继续以"氏"来命名，含义上就有些狭窄了。另一方面，政府有关管理部门在推广中，为了避免家族色彩，更好地体现现代的观念，所以也多用"式"来称呼太极拳流派，叫做"陈式太极拳""杨式太极拳"等。也还有一些专家认为，叫"式"也不准确，更严格地说，大的太极拳流派应该叫"派"，如"陈派太极拳""杨派太极拳"等。为什么呢？他们认为，派是指风格，现在几大流派太极拳各自在风格上是比较明确、比较确定的，但在流传过程中，具体到每一个人，特别是有较高造诣的人，随着每个人文化背景、人生经历、练拳过程等多种因素的不同，即使练同一种流派的太极拳练出来的样式也有所差异，这应该是"式"，而该流派应该叫"派"。但因为有些人认为，称呼为某某派，容易让人联系到武术的"宗派""门派",所以这种称呼法目前还没有得到广泛使用。

我们这里还是依照现在通用的说法,以"式"来命名。

陈式太极拳

陈式太极拳发源于河南省温县陈家沟。陈式太极拳也是现在流传较广的杨式、吴式、武式、孙式等几个大的太极拳流派的总根源,这几种太极拳流派均脱变于此。陈家沟坐落在温县的城东。据族谱记载,陈氏的氏祖是陈卜,原来居住山西洪桐县,后迁居温县城东十里的常杨村,村中有一条南北走向的大沟,后来这个地方陈氏的人丁逐渐兴旺,常杨村也就改名为陈家沟了。陈式太极拳的创始人为陈氏第九世陈王廷,这是有史料记载的,"陈王廷在明末拳术已著名。于拳术更加研究,又多有心得,代代相传,成为独特之密"。关于陈王

陈式太极拳　(示范:陈正雷)

廷创拳有几句非常著名的话，流传比较广泛，就是在现存的《拳经总歌》《长短句》词："叹当年，披坚执锐，扫荡群氛，几次颠险！蒙恩赐，枉徒然，到而今老残喘。只落得，《黄庭》一卷随身伴，闲来时造拳，忙来时耕田，趁余闲，教下些弟子儿孙、成龙成虎任方便……"特别是其中的"闲来时造拳"一句，被认为是陈王廷创太极拳的重要依据。

陈氏家族对太极拳贡献很大，历代出现了很多杰出的拳家，如陈长兴、陈有本、陈清萍、陈鑫、陈发科等。陈鑫在太极拳理论上贡献特别突出，其著作阐述的比较系统。陈发科在20世纪初把陈式太极拳带到北京，并在北京公开传授，使陈式太极拳全面走向社会。他还教授了很多外姓弟子，其中很多人都成为了后来太极拳发展的重要人物，比较杰出的如冯志强、李经梧、田秀臣、洪均生等，在全国各地传授陈式太极拳。现在陈式太极拳已经成为一个社会化的具有广泛参与性的群众锻炼项目。如今活跃在国内外太极拳界的陈氏族人代表性的人物为陈正雷、陈小旺等。陈式太极拳主要在社会上的流传套路为陈式太极拳老架一路、二路，陈式太极拳器械等。陈式一路流传最广。二路也称"炮捶"，发劲动作较多，更受年轻人喜爱。陈式太极拳的其他套路还有陈式小架一路、二路等拳术套路，以及陈式太极单刀、双刀、单剑、双剑、双锏、梨花枪夹白猿棍、春秋大刀、三杆、八杆、十三杆等器械套路；还有各种推手法、内功法等。

陈式太极拳以松柔为本，刚柔相济。练拳速度上并不是完全均匀的，有快慢的变化，有一定的节奏。发劲的时候很快，蓄劲的时候就慢一些。它的一个显著特点是运用缠丝劲。

缠丝劲顾名思义就是动作运作起来像缠丝一样，有环绕，有抽丝，大圈套小圈。你一看有缠丝劲，就是陈式太极拳。在发力的时候富于弹抖性，不是直来直去的刚猛，弹抖中有螺旋。还很注重内功，丹田内运，练内气，这是它健身的一个方面。身型上要求中正,气宇轩昂,强调意、气、形的统一。推手时缠绕粘随,不丢不顶。发力富于弹抖性,练习要求丹田内转,身体中正,非常有气势。强调意、气、形的和谐统一。很多年轻人都很喜欢练习陈式太极拳。陈式太极拳的套路也很具有表演性,具有很好的视觉享受。

杨式太极拳

杨式太极拳是现在流传最广、习练人数最多的太极拳流派。因为上世纪50年代国家体委编定24式简化太极拳时就是以杨式太极拳为蓝本来进行的,所以简化太极拳的推广也带动了杨式太极拳的普及。后来很多普及性的套路也多以杨式太极拳为基础创编。

杨式太极拳由河北永年人杨露禅创编,并经其后人进一步发展完善,所以成杨式太极拳。杨露禅几次到陈家

杨式太极拳 (示范:杨振铎)

沟学习拳术，现在还广泛流传着关于杨露禅学艺的种种传说，有的还根据这些传说拍成了电视剧。杨式家族也出现了很多著名太极拳家，其中杨澄甫在社会普及上做的工作最多，他在大江南北传授太极拳，弟子遍天下。

杨式太极拳来源于陈式，但风格上有比较大的变化，在动作上更加柔和，更加适合各种人群练习。从陈式太极拳到杨式太极拳也是太极拳发展中的一次革命。

杨式太极拳架式舒展大方，速度均匀连贯，身法中正安稳，整个套路练习时自然流畅。在劲力方面轻灵洒脱，圆满沉静，内涵充沛。杨式太极拳有中架、大架等套路，在练习时也可以分为高、中、低三种，有大捋等推手方法。杨澄甫流传下来有一套照片，包括拳架的，大捋的，是练习杨式太极拳的范本。

杨式太极拳的代表人物有杨班侯、杨健侯、杨澄甫等。杨家后裔代代承传，为杨式太极拳发展发挥了巨大作用。杨澄甫之子杨振铭、杨振基、杨振铎、杨振国均为当代名家。还有很多外姓弟子也非常杰出，如李雅轩、傅钟文、崔毅士、董英杰、牛春明、赵斌、郑曼青等。

吴式太极拳

吴式太极拳是清代的武术家吴全佑对他所习练的杨式太极拳功架进行改造、衍化，之后又经过他的儿子吴鉴泉进一步修正、润营形成的。它主要根源是杨式小架太极拳式。

吴式太极拳功架比较紧凑，松静自然，轻灵圆活，动作很连贯，一环扣一环，动作很细腻，富于"文气"。推手具有手法严密、细腻、绵柔等特点。吴式太极拳在上海、北京等地流传很广，特别是有很多知识分子习练，在理论研究上也比较注重。

吴式太极拳有多种器械练习套路。如太极剑、太极刀、太极十三枪、太极二十四枪、扎四枪、粘杆、太极对剑等。

在吴式太极拳的发展中，北京的王茂斋、杨禹廷、徐致一等均做出了巨大贡献，培养了大批优秀弟子。王茂斋与吴鉴泉有"南吴北王"之称。

武式太极拳

武式太极拳是清代太极拳家武河清在原来赵堡太极拳的基础上进行改进创编的。武河清字禹襄，所以太极拳界称之为武禹襄的较多。武禹襄开始跟随过杨露禅学习太极拳，那时候杨露禅从陈家沟学拳返乡，武禹襄兄弟与他是同乡，又都喜欢武术，就向杨露禅学习陈式老架太极拳。后来武禹襄兄武澄清考中进士，到河南舞阳县做知县，武禹襄到兄长的任所，路过温县，就在赵堡镇学拳一段时间。他把自己的所学融会贯通，就产生了武式太极拳。

武禹襄的外甥李亦畲对武式太极拳贡献也很大，从1853年跟随武禹襄学拳，他在太极拳理论和实践

（示范：翁福麒）吴式太极拳

（示范：翟维传）武式太极拳

上都有很高的造诣。可以说武式太极拳是经过李亦畬之手进一步完善定型的。

武式太极拳拳式小巧紧凑，身法紧严无隙，内固精神，外示安逸，体态端庄含蓄，气势腾挪鼓荡，开合有致，虚实有法。在步法上严格分虚实，胸部、腹部的进退旋转始终保持中正，是用内动来支配外形的变化。手法以竖掌为主，出手不过足尖，左右手臂各管半个身体，互相不随便逾越。练拳的时候比较注重气势。武式太极拳整个套路练起来比较端庄、含蓄，没有剑拔弩张的感觉。

值得一提的是，武禹襄所作的《十三势行功歌解》《四字秘诀》，李亦畬所作的《五字诀》《走架打手行功要言》等都是传统太极拳论代表性作品，受到高度重视。

孙式太极拳

孙式太极拳是由河北完县著名武术家孙禄堂创编的，所以称为孙式太极拳。孙禄堂是近代文武双全的大武术家，精通形意、太极、八卦，并且把这些武术的精华融会贯通，在太极拳中吸收了形意、八卦的一些技术特征，形成孙式太极拳。孙

孙式太极拳（示范：孙剑云）

禄堂先生之子孙存周、女孙剑云都是著名的武术家，为推广太极拳、形意拳做出很大的贡献。

孙式太极拳的基本特点是开合相生，进退相随。在步法上迈步必跟，退步必撤，进退的层次很分明。身法上每当左右转身时必然以开合相接，动作舒展圆活，敏捷自然，拳势如行云流水，绵绵不断。孙式太极拳没有跳跃动作，练拳时要求中正平稳，全身内外平均发展，一动无有不动，内外一体。练习时虚实变化比较明显，拳势流畅，一招一式交代十分清楚，和呼吸的配合也非常到位。

赵堡太极拳

赵堡太极拳是太极拳的重要流派之一，主要传承于河南温县赵堡镇。流传的赵堡太极拳分高、中、低三种架式，还有各种器械和推手。赵堡太极拳注重用意，强调内功训练，要求练拳的时候配合呼吸，并练通大小周天，进而内转丹田。赵堡太极拳虽然比较古老，但原来宣传不多，相对于另外五大流派太极拳来说，传播范围相对较小，但近年来加强了推广工作，习练的人越来越多。

赵堡太极拳
示范：王海洲

一〇〇、太极拳和其他武术流派有何区别？

太极拳作为一种武术拳种流派，也具有一般武术的一些显著特征，比如具有强烈的技击色彩，具有完整的套路等。但也有一些区别于其他武术流派的独到特点。主要为：

1. 技击和健身并重。不仅具有先进的技击思想，如"以柔克刚""后发制人"等，有丰富的技击方法，如十三式、各种劲等，还有良好的健身效果。

2. 理论和实践并重。理论性比较强，太极拳的理论体系非常完整，并具体结合技术要领，互为补充，从文化背景到拳论，非常系统。

3. 文化韵味比较突出。吸收了大量的中国传统哲学等文化的养料，并逐步上升到一种生命体验的境界。

4. 技术上的特征比较鲜明。比如柔和缓慢、连绵不断、折叠婉转等，让人一看，就能分辨出这是太极拳。

太极拳是一种具有鲜明特点的运动